福祉の基本体系シリーズ —— 11

社会福祉の拡大と形成

井村圭壯　今井慶宗 [編著]

勁草書房

は し が き

　戦後 70 年以上が経過し，社会福祉は大きく変容している．それは社会福祉の発展に伴い必然的に発生したものと，社会環境の変化により社会福祉が変化せざるを得ないものの両方を含んでいる．これら変容し続けている社会福祉の姿を正しく捉えるには，過去・現在・未来を俯瞰する視点が必要である．制度・政策・実践を深く理解することによって，全体像を知ることができる．

　「措置から契約へ」と言われるように，現代の社会福祉は，戦後長らく続けられてきた措置制度から，社会福祉基礎構造改革を経て，利用者の選択に基づく契約制度に移行し，あるいは移行しつつある．一方で，少子高齢化，経済の低成長，国際化の進展などこれまでの仕組みでは対応できない事象も進行しつつある．戦後構築された社会福祉体系を大切にしながらも，それが維持・発展できるようにするための様々な工夫と努力が求められている．

　近年を振り返ってみると，障がい福祉分野では，第 4 期障害福祉計画の計画期間も 2017（平成 29）年度に終了し，また「児童福祉法」の改正によって 2018（平成 30）年度から国の基本指針に即して障害児福祉計画を策定することが義務づけられることとなった．このため各自治体では「障害者の日常生活及び社会生活を総合的に支援する法律」第 89 条と「児童福祉法」第 33 条の 20 および第 33 条の 22 に基づいて，平成 30（2018）年度から令和 2（2020）年度までを計画期間とする第 5 期障害福祉計画と第 1 期障害児福祉計画が策定されている．

　社会福祉の基礎となる分野の改革も行われている．たとえば，2017 年（平成 29）年 6 月に公布された「地域包括ケアシステムの強化のための介護保険法等の一部を改正する法律」による「社会福祉法」改正がある．厚生労

働省の説明によれば，「我が事・丸ごと」の地域作り・包括的な支援体制の整備のため，①「我が事・丸ごと」の地域福祉推進の理念を規定する，②この理念を実現するため，市町村が包括的な支援体制づくりに努める旨を規定する，③地域福祉計画の充実を図る，といった改正がなされたのである．

社会福祉の学習において制度・財政面を理解すること，それらを現場での実践に活かすための技術を身につけることは車の両輪である．社会福祉の現場では，利用者を取り巻く課題の緩和・解決に総合的に取り組んでいかなければならない．

社会福祉・社会保障そして関連分野においても新しい制度・政策が展開されており，実践現場においても新たな取り組みがなされている．関連分野との統合化，あるいは福祉文化の応用をみても，社会福祉は「拡大と形成」の途上にあるといえる．その総体としてあらわれる結果の統計資料も更新されている．必要とされるものを精選し本書の内容として取り入れた．

各分野を専門とする執筆者によって，拡大と形成途上にある社会福祉の各領域の意義・内容・課題や今後の動向について，それらに関心を有する多くの方々に考えていただくための素材を示すことができると確信する．ぜひ多くの方に読んでいただきたい．

本書の執筆，編集にあたっては，各執筆者の方々，そして勁草書房編集部の関戸詳子さんには大変お世話になった．紙面を借りて感謝申し上げる．

2019 年 11 月 18 日

編 著 者

目　　次

はしがき i

第1章　社会福祉の拡大と現代の生活 …………………… 1

第1節　現代の生活と社会福祉 …………………………… 1
1　社会福祉とは／2　現代日本の生活／3　現代の日本における課題

第2節　現代社会福祉の理念と概念 ……………………… 7
1　社会的排除／2　社会的包摂

第3節　社会福祉の拡大 …………………………………… 9
1　社会福祉の福祉関連分野への拡がり／2　あらたな社会課題の誕生

第2章　社会福祉の歴史的形成 …………………………… 13

第1節　欧米の社会福祉の歴史的形成 …………………… 13
1　第二次世界大戦前における欧米の社会福祉の歴史／2　第二次世界大戦後における欧米の社会福祉の歴史

第2節　日本の社会福祉の歴史的形成 …………………… 17
1　戦前の社会福祉の歴史的形成／2　戦後の社会福祉の歴史的形成

第3章　社会福祉の制度と実施体系 ……………………… 25

第1節　社会福祉の制度・法律 …………………………… 25
1　日本国憲法／2　社会福祉法／3　福祉六法／4　福祉六法以外の法令・条約など

第2節　社会福祉の施設と専門職 ……………………………………29
　　　1　社会福祉の施設／2　社会福祉協議会／3　社会福祉の専門職と資
　　　格
第3節　社会福祉の行財政と実施機関 ………………………………33
　　　1　社会福祉の財政制度／2　国の行政機関／3　自治体の行政組織
第4節　社会保障と関連制度 …………………………………………37
　　　1　社会保障とは／2　公的年金／3　公的医療保険／4　介護保険制
　　　度／5　労働保険／6　社会手当
第5節　社会福祉における利用者保護 ………………………………42
　　　1　「社会福祉法」の規定／2　施設ごとの規定

第4章　社会福祉の民間活動 ……………………………………………45
第1節　社会福祉の民間活動とは ……………………………………45
第2節　社会福祉の民間活動の内容 …………………………………45
　　　1　欧米諸国における社会福祉の民間活動／2　日本における社会福
　　　祉の民間活動
第3節　社会福祉の民間活動の課題 …………………………………50

第5章　相談援助 …………………………………………………………53
第1節　相談援助の理論 ………………………………………………53
　　　1　相談援助とは／2　相談援助の考え方
第2節　相談援助の意義と機能 ………………………………………56
　　　1　相談援助の意義／2　相談援助の機能（働き）
第3節　相談援助の対象と過程 ………………………………………57
　　　1　相談援助の対象者／2　対象者のレベル／3　相談援助の過程（進
　　　め方）
第4節　相談援助の方法と技術 ………………………………………60

目　次　　　　　　　v

　　　1　直接援助技術／2　間接援助技術／3　関連援助技術

第6章　子ども家庭福祉 …………………………………………… 67
第1節　子ども家庭福祉とは ……………………………………… 67
第2節　子ども家庭福祉の内容 …………………………………… 68
　　　1　子どもの権利擁護／2　子どもの虐待／3　子どもの貧困
第3節　子ども家庭福祉の課題 …………………………………… 73

第7章　高齢者保健福祉 …………………………………………… 75
第1節　高齢者保健福祉とは ……………………………………… 75
第2節　高齢者保健福祉の内容 …………………………………… 76
　　　1　高齢者保健福祉制度・施策の体系／2　介護保険制度／3　地域支
　　援事業／4　包括的支援事業／5　任意事業
第3節　高齢者保健福祉の課題 …………………………………… 82

第8章　障がい者福祉 ……………………………………………… 85
第1節　障がい者福祉とは ………………………………………… 85
　　　1　障がいの定義とその変遷／2　障害者権利条約の採択と障害者基
　　本法の改正
第2節　障がい者福祉の内容 ……………………………………… 87
　　　1　身体障がい／2　知的障がい／3　精神障がい／4　発達障がい／5
　　難病／6　障がい福祉施策の流れと障害者総合支援法
第3節　障がい者福祉の課題 ……………………………………… 93

第9章　生活保護 …………………………………………………… 95
第1節　生活保護とは ……………………………………………… 95
　　　1　目的／2　基本原理／3　保護の原則

第2節　生活保護の内容 ……………………………………………97

　　1　生活保護の種類／2　各扶助の範囲・方法／3　保護施設／4　保護の実施機関／5　就労自立の支援・進学準備給付金／6　被保護者の権利および義務／7　費用の返還と徴収／8　不服申立て／9　費用

第3節　生活保護の課題 ……………………………………………104

　　1　被保護者の増加／2　医療扶助の適正化・健康管理支援

第10章　地域福祉 …………………………………………………107

第1節　地域福祉とは ………………………………………………107

　　1　地域福祉の必要性／2　地域福祉の本質

第2節　地域福祉の内容 ……………………………………………109

　　1　地域福祉の概要／2　地域福祉と社会福祉協議会活動／3　地域福祉と民生委員・児童委員活動／4　地域福祉と赤い羽根共同募金活動／5　地域福祉と地域包括ケアシステム／6　地域福祉と認知症サポーター

第3節　地域福祉の課題 ……………………………………………120

　　1　地域共生社会の実現／2　地域共生社会の目指すもの／3　「我が事・丸ごと」の地域づくりと包括的な支援体制の形成

第11章　医療福祉 …………………………………………………123

第1節　医療福祉の考え方と変遷 …………………………………123

　　1　医療福祉の考え方／2　日本における医療福祉の変遷

第2節　日本における医療福祉体制 ………………………………125

　　1　公的医療保険／2　介護保険制度

第3節　今後の医療福祉の展開 ……………………………………127

目　次　vii

第12章　災害福祉 ･･ 129
第1節　災害福祉とは ･･････････････････････････････････････ 129
　　　1　災害はどのようなときに起きるのか／2　災害時における支援の対象・主体・構造／3　災害時における支援者の立場
第2節　災害福祉の内容 ･･････････････････････････････････････ 131
　　　1　発災時の対応／2　生活のしづらさの把握／3　権利の擁護／4　防災に向けてのネットワークとコーディネート／5　地域の組織化／6　資源の開発
第3節　災害福祉の課題 ･･････････････････････････････････････ 134
　　　1　課題／2　求められること

第13章　看護と社会福祉 ･････････････････････････････････････ 137
第1節　病院完結型医療から地域完結型医療への転換 ･････････････ 137
　　　1　地域完結型医療が求められる背景／2　地域完結型医療
第2節　地域完結型医療が求められる時代における看護と社会福祉の連携 ･･･ 139

第14章　保育と社会福祉 ･････････････････････････････････････ 143
第1節　保育者を目指す者が社会福祉を学ぶ意義 ･･････････････････ 143
第2節　「子どもの最善の利益」を支える社会福祉と保育 ･･･････････ 144
　　　1　少子社会の現状／2　子どもの権利侵害／3　子どもの最善の利益を支える保育
第3節　保育における課題 ････････････････････････････････････ 147

第15章　社会福祉の今後の課題 ･･･････････････････････････････ 151
第1節　地域社会の変化と福祉課題の拡大 ･･･････････････････････ 151

第2節　社会福祉による形成が求められる地域共生社会について ……
　　　　…………………………………………………………… 152

第3節　地域共生社会の具現化と福祉教育との関係 ………………… 154

第4節　生きがいのもてる地域共生社会を実現するための今後の課
　　　　題について ……………………………………………………… 156

事項・人名索引　159

第1章　社会福祉の拡大と現代の生活

第1節　現代の生活と社会福祉

1　社会福祉とは

　社会福祉の定義は多岐にわたり，「狭義」と「広義」に大別できる．それぞれの具体的な内容は，先行研究において異なるが，「狭義」の社会福祉とは，社会福祉サービスなどの実態を伴う概念とされ，児童家庭福祉や母子保健，高齢者福祉，障がい者福祉などの対象者別の福祉サービスであり，生活困窮と深く結び付く形で発生してきた．その一方で「広義」の社会福祉とは，「幸福（well-being）」に表わされるように，対象を一部の特定の人や特定のサービスと限定せずに，国民すべてを対象に，人々の幸福へと広がる目的概念とされる[1]．

　社会福祉は，個人の生活の課題を予防，除去し，社会病理や社会問題の対策を講じることで，人と環境との相互の調整を図り，生活課題の解決を試みており，「社会生活を送っていく上で生じる生活課題を解決していくための社会的政策及び実践の総体」[2]といえる．人はそれぞれ，より良く生きたいと願い「幸福」を目指し，そのための努力を行う．そして，その願いや努力の達成と，「幸福」を目指す上で，どのような支援が必要かということを考え支えようとするための仕組みが，社会福祉であるといえる．

　つまり，社会福祉とは，国民一人ひとりが幸福な生活を送ることができるよう，制度や政策も含め，具体的に解決するための様々な支援の仕組みということができる．

このような社会福祉の概念を考える上で，重要となるものが「日本国憲法」であり，特に第13条と第25条はその中心的な役割を担う．

「日本国憲法」第13条では，「すべて国民は，個人として尊重される．生命，自由及び幸福追求に対する国民の権利については，公共の福祉に反しない限り，立法その他の国政の上で，最大の尊重を必要とする」と示される．「公共の福祉」と「幸福追求」という言葉が示すとおり，日本国民には，生まれながらにして，個人としてのみならず，社会で暮らす成員の一人として，自らも幸福であろうとする権利を有しているといえる．

また，第25条では，「すべて国民は，健康で文化的な最低限度の生活を営む権利を有する」と示される．これは，基本的人権の一つである，社会で人間が生きていく上で，人間が人間らしく生きるための権利を示す生存権を保障するものである．また，第2項では「国はすべての生活部面について，社会福祉，社会保障及び公衆衛生の向上及び増進に努めなければならない」と国の社会的な使命について規定している．国民の生活の安定を保障し，その維持および増進に努めることは，国の責任であり，暮らしやすい，住み良い社会を作るための社会政策や社会システムを構築し，その向上を図ることが必要となる．

2　現代日本の生活

人は皆，幸せになりたいと願うものであり，社会福祉は，国民一人ひとりの幸福をいかにして支えるかという仕組みづくりが重要な課題であることは，上述したとおりである．

どうすれば，人々が，幸福感や日々の生活での満足感を得ることができる社会を実現できるかは，現在の全世界において，共通の課題である．

日本は，経済大国と呼ばれ，内閣府が発表する2017（平成29）年のGDP（国内総生産）は，アメリカと中国に次いで世界第3位であり，一人あたりのGDPをみると，世界第20位である．しかし，GDPだけでは測ることのできない，幸福を示すものとして，OECD（経済協力開発機構）が2016（平成

28）年に「How's Life in Japan 日本の幸福度」として示した結果をみると，必ずしもすべての部面において，高い結果とはいえないことが分かる．これによって世界における現在の日本の生活の状況と現在の日本の課題をみることができる．

OECD の報告に示された日本の平均的な幸福度の変化についてみると，各項目間でのばらつきがある．雇用の安定は，他の OECD 諸国に比べて雇用率が高く，安定している国の一つであるといえる．しかし，仕事のストレスは高く，平均所得は，OECD 平均を下回っており，家計所得の上下の格差は大きく，上位と下位では6倍となっている．また，賃金の男女間格差も OECD 平均よりも目立った格差がみられる結果となっている[3]．

所得面での貧困や不健康，不十分なサポートネットワークなど，マイナスの面も示されている結果であり，GDP からみる，経済大国として日本に抱く印象とは，多少異なる結果であるといえる．

3 現代の日本における課題

（1） 少子・高齢化に伴う人口構造の変化

わが国の人口は，少子化と高齢化の一途を辿っている[4]．

自然死数が出生数を上回り，2007（平成19）年から，減少を続けている．これまでも出生数の減少は続いていたが，人口減少には至らなかった．その背景には，医学の進歩や公衆衛生の向上により，死亡率が改善され平均寿命が延びたことが理由としてあったが，近年の急速な高齢化による高齢者の死亡数が増加しており，特に80歳以上の高齢者の死亡数の増加は顕著である．

国立社会保障・人口問題研究所の将来推計人口によると，2053（令和35）年には人口が9,924万人と1億人を割り込み，2065（令和47）年には，8,808万人になると推計されている．

人口構造の3区分（年少人口（0-14歳），生産年齢人口（15-64歳），老年人口（65歳以上）をみても，少子社会，高齢社会を原因として，年少人口や生産年齢人口が減少し，老年人口が増加することが続いていくと考えられる

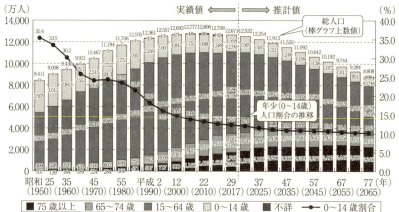

図1-1 日本の将来推計人口

資料：2015年までは総務省「国勢調査」，2017年は総務省「人口推計」（平成29年10月1日現在確定値），2020（平成32）年以降は国立社会保障・人口問題研究所「日本の将来推計人口（平成29年推計）」の出生中位・死亡中位仮定による推計結果．

注：2017年以降の年齢階級別人口は，総務省統計局「平成27年国勢調査 年齢・国籍不詳をあん分した人口（参考表）」による年齢不詳をあん分した人口に基づいて算出されていることから，年齢不詳は存在しない．なお，1950～2015年の年少人口割合の算出には分母から年齢不詳を除いている．

注：年齢別の結果からは，沖縄県の昭和25年70歳以上の外国人136人（男55人，女81人）及び昭和30年70歳以上23,328人（男8,090人，女15,238人）を除いている．

（出所：内閣府「少子社会対策白書 平成30年度版」）

（図1-1）．

　高齢者が多く，長寿であることは，生活が豊かで，安全であり，医療水準も高く，公衆衛生が機能していることを示すため，ポジティブな指標となりうるが，高齢化率が極端に高く，子どもや生産年齢人口が少ない人口減少は，わが国の，特に社会システムや経済的システムにおいて大きな影響を与えることとなる．子どもは，将来の経済を支える労働力として位置づけられるため，少子化の傾向が続くことは，労働力を減少させていくことへつながり，税や社会保険料等をはじめとして，働く世代への負担を大きく増加させることとなる．働く世代が高齢者を支える現在の日本では，高齢者の生活を支える基盤を不安定にすると同時に，働く世代の負担を増すばかりとなってしまう．

　国民の生活の安定と向上，増進は，国の責務であり，年少人口，生産年齢

人口，老年人口，すべての世代が安心して暮らすことのできるように，生活の向上を図り，一部の世代への偏った負担や生活不安を軽減させることが必要である．このような生活課題を取り除き，日常生活を支えるための社会政策や社会システムの充足のための抜本的な改革が必要となる．

（2）　世帯構造の変化

近年の家族の動向をみると，家族規模は縮小傾向にあり，家族構成も変化している．国民生活の基礎調査によると，わが国の家族における平均世帯人員は，1955（昭和 30）年に 4.97 人，1992（平成 4 年）年に 2.99 人，2015（平成 27）年は 2.49 人であり，規模が縮小している．

世帯構造は，「夫婦と未婚の子のみの世帯」，「単独世帯」，「夫婦のみの世帯」，「一人親と未婚の子のみの世帯」，「三世代世帯」であり，65 歳以上の高齢者がいる世帯は全世帯約半数である．

高齢者を含む世帯が増加しており，従来のわが国において高齢者を含む世帯の代表とされた「三世代世帯」は減少し，「単独世帯」や「夫婦のみの世帯」も増加傾向にある．

このような世帯の増加は，社会福祉や社会保障，公衆衛生，医療，介護などの生活課題に関わるニーズを多く抱えていることが予想される．これからますます高齢化が進むわが国において，社会福祉や社会保障，公衆衛生，医療，介護などが担う役割は大きい．

一方，児童のいる世帯をみると，世帯における平均児童数が減少傾向であり，いかにして児童のいる世帯数を上昇させるか，また世帯における平均児童数を上昇させるかが重要な課題となっている．

少しでも子どもを産みやすく，育てやすい社会となるべく，保健や医療，福祉といった社会政策や社会システムを核とした体制整備が早急な課題である．

（3） 生活困窮

厚生労働省の報告[5]によると，わが国は，相対的貧困率（最低限の生活を維持することができない状態である「絶対的貧困」とは異なり，世帯の所得が低く，文化水準や生活水準が平均と比較して困窮した状態）が上昇傾向にあり，世帯主年齢別にみると，30歳未満と65歳以上での相対的貧困率が高い傾向にある．また，世帯類型別にみていくと，単身世帯や大人一人と子どもの世帯が，相対的貧困率の高いことが示されている．

単身世帯では，特に65歳以上高齢者での貧困率が高く，その中でもとりわけ女性の単身世帯での貧困率が高いといえる．これは，公的年金制度の受給において，パート労働や低賃金労働，短い就業期間といった形態での労働が多く，基礎年金のみの受給により生計を維持していることが原因として考えられる．

また，大人一人と子どもの世帯では，OECDによる報告をみると，日本は先進国36国中10番目に貧困率が高く，約7人に1人の割合で，子どもが貧困状態に陥っていることが示されている．こうした経済的な困難は，子どもにとってもさまざまな影響を及ぼし，経済的な貧困が，教育格差や子どもの低学力・低学歴を引き起こし，不安定な就業へとつながるといった負の連鎖に陥る危険性も非常に高く，社会的排除へともつながりやすい[6]．

公的扶助の仕組みである生活保護についても就労による経済的な自立が容易ではない高齢者の増加や，失業等に伴う受給世帯の増加が続いており，1995（平成7）年を底として，増加に転じ，増加傾向が続いている．

このような生活困窮に関する課題は，人口構造や世帯構造が大きく変化しているわが国において，看過できない喫緊の課題[7]であり，生活保護や社会手当などの支給，各種団体等の支援などにより，対策は行われているが，子どもの相対的貧困によって引き起こされることが示す負の連鎖のとおり，不利が蓄積されることで，社会から排除されるリスクは高いといえる．こうした課題の解決に向けた社会福祉の制度や政策の設計，理論の構築が，必要不可欠である．

第2節　現代社会福祉の理念と概念

1　社会的排除

「孤立化」や「無縁社会」などといわれるように，近年，地域や社会，職場などのつながりが薄れ，社会的に孤立し，生活困難に陥る問題が，新たな社会のリスク要因となっている．これは，経済のグローバル化や雇用の不安定化，地域や家族とのつながりの弱体化等の経済社会の構造変化の中で，社会的に孤立し生活困難に陥るというリスクであり「社会的排除（ソーシャル・エクスクルージョン）」と呼ばれる．

このような社会から排除される危険性は，特別な者にだけ起こりうるものではなく，これらに対する不安は潜在的に多くの人々が日常的に抱くものである．

このような危険性の持続の状況は，そのリスクが別のリスクに連鎖し，また新たな生活困難を引き起こすこととなるため，因子的に，他の人と比べて，明らかに高い確率で社会的に排除の対象となりやすい危険性の高いグループも存在する．

例えば，親の失業や病気，多重債務，離婚などによる子どもの貧困，DVや虐待の経験といった不適切な家庭環境は，学習機会・教育機会の逸失へとつながり，それらは，そのまま不安定な就労につながりやすく，失業やリストラ，心理的要因に伴う病気の危険性を高めることとなり，能力開発機会の不足や低所得を通じて，貧困状態に陥るリスクを高めることへとつながる可能性が高い．

こうしたリスクが，複合的かつ複層的に連鎖した結果として，雇用，家族，コミュニティなどの社会のあらゆる関係性から切り離され，社会とのつながりが極めて希薄になってしまう「社会的排除」の危険性が高まっている．このような実情に対する対策として，「社会的包摂（ソーシャル・インクルージ

ョン）」という，対象となる者の社会参加を促し，保障するための制度・政策をうみだし解決へ向かおうとする理念が存在しており，「社会的排除―社会的包摂」[8]の関係性が示される．

2　社会的包摂

社会的包摂（ソーシャル・インクルージョン）とは，1980年代から90年代にかけてヨーロッパで普及した概念である．1970年代以降の経済の低成長期において，失業と不安定雇用の拡大に伴い，若年者や移民が，生活基盤の安定維持を図ることが困難となることや，社会的な参加や関係性の喪失がおき，それらが拡大した際に，社会参加を促し，社会生活を保障するための理論として誕生した．

わが国では，2000（平成12）年に厚生省の「社会的な援護を要する人々に対する社会福祉のあり方に対する検討会」が出した報告書において，その必要性が示されており，「つながり」の再構築を図り，すべての人々を孤立，排除や摩擦から援護し，健康で文化的な生活の実現につなげるよう，社会の構成員として包み支え合う（ソーシャル・インクルージョン）ための社会福祉を模索する必要があるとして，柔軟な福祉制度によって対応することや，コミュニティでの自発的な支援が必要であるとしている．

社会的包摂を推進するための戦略を策定するため，2011（平成23）年，「一人ひとりを包摂する社会」特命チームが内閣総理大臣の指示に基づき設置され，地域社会への参加と参画を促し社会へと統合していくための仕組みづくりに向けた取り組みがなされている[9]．

これまでのわが国における社会福祉の仕組みをみると，安定した雇用と，それに支えられ扶養や家庭内ケアを前提として，主に高齢期の所得保障や医療保障を中心に発展してきており，生活実態や社会課題の実態に応じた見直しが不十分なままであるといえる．

「社会的排除」は，個人の能力に関しての損失だけではなく，社会全体としての共有できるはずであった資源の損失であるといえる．また，貧困や排

除の連鎖，次世代育成の困難，すべての世代に対する損失により，社会がこれからを目指す持続可能性を失わせることへもつながる．

　今後，人口減少や急速な高齢化が進行するわが国において，経済や社会の機能を維持し，さらには発展させていき，より質の高い生活を実現していくためには，一人ひとりが社会成員の一人として，排除や阻害されない環境下で，自らが有する資質と能力を最大限に発揮しながら社会へと参画していくことが必要不可欠である．こうした社会の実現に向けた「社会的排除―社会的包摂」の関係として，排除の構造の理解と，その要因の克服を目指す一連の制度を含む政策的な対応が「社会的包摂」において，重要であるといえる．

第3節　社会福祉の拡大

1　社会福祉の福祉関連分野への拡がり

　これまでのわが国における社会福祉の仕組みは，主に社会保障を中心とした所得保障や医療保障，介護保障を中心に発展してきており，生活実態や社会課題の実態に応じた見直しは不十分なままであったといえる．つまり，税金や保険料を用いて，自立して生活するための，お金や物の援助，健康のための支援を行い，生活保障を整えることで社会福祉の制度が進められてきた．

　しかし，その一方で，最低限度の生活の保障だけではなく，一人ひとりの生活の実態に応じた質の高い生活が求められるようになり，さらに，社会とのつながりやコミュニティへの参画といった，「共に生きる」社会の創出が目指されている[10]．

　このことは，社会福祉がこれまで，児童や障がい者，高齢者，女性といった対象への問題解決を中心に支援策を検討・整備しようとしてきたものであったところから，地域福祉をはじめとした，一人ひとりのニーズに基づく対応・対策として，医療福祉や予防福祉，災害福祉，司法福祉，保健福祉，さらには，福祉工学や福祉心理，福祉経営，情報福祉，観光福祉などの新たな

領域へと拡大しており，生活実態に応じた課題の解決や，多様化していく社会への対策として，社会福祉の領域は，その対象も含め，拡がりを見せている[11]．

2　あらたな社会課題の誕生

　現在，わが国は，少子・高齢化，人口減少社会，人生100年時代などに伴う，人口構造や世帯構造，生活様式などの大きな変化の中にある．また，ICTやIoT技術，AIの進化に伴う産業構造の変化により，経済活動や消費行動，職業，就業形態など，さまざまな部面で大きな変革の中にいるといえる．

　このことは，我々の生活をこれまでとはまったく違ったものへと向けていくものであり，例えば，社会福祉においても従来の金銭や物的な意味での生活保障を享受するといった受け身としての社会福祉ではなく，自らが問題を把握し，その主体的な解決者として，能動的に社会に参画し，問題解決に向けて取り組む，もしくは取り組むための行動を起こすことへと変化してきている．

　2015（平成27）年「国連持続可能な開発サミット」において採択されたSDGs（持続可能な開発目標）[12]においても，誰一人取り残されず，世界が一丸となって問題解決に向けて，主体的に取り組むことが示されている．その17の目標の中では，「貧困をなくす」，「飢餓をゼロに」，「全ての人に健康と福祉を」，「ジェンダー平等の実現」，「人や国の不平等をなくそう」，「平和と公正を全ての人に」などの社会福祉領域に大きく関連する内容も含まれており，それらが現在の世界が共通して抱える課題であることがわかる．

　社会課題は，誰か一人の力だけでは解決へと向かうことは難しい．互いに協力しあい，問題意識を共有し，その解決に向けてのプロセスを協同的に描きだすことが必要である．これは社会福祉における生活課題の解決においても同様であり，世帯構造の変化や生活様式の変化に伴い，生まれることが予測される多様な，新たなニーズに対して，これまでの社会福祉において取り

組まれてきた成果を取り入れることはもちろんのこと，専門職をはじめとした複数の者が連携し，協力しあい，その問題と課題の解決に向けて，主体的に，具体的な解決のためのプログラムの策定に向けて，対話的，かつ協同的に取り組むことが必要である．

注

1) 寺田貴美代「社会福祉が成立する範疇に関する分析枠組の構築——価値観と生活問題への対応の視点を中心に」『福祉社会学研究1』東信堂，2004 年，pp.149-168.

2) 井村圭壯・相澤譲治編著『社会福祉の基本体系（第 4 版）』勁草書房，2011 年，pp.1-6.

3) OECD「How's Life in Japan? 日本の幸福度」2014 年．および OECD の HP において，説明が示されている．

4) わが国の少子・高齢化に伴う，人口構造の変化や世帯構成の変化，高齢者や若者を取り巻く社会の状況については，厚生労働省監修『厚生労働白書』（平成 25・27・28 年版）や内閣府監修『高齢社会白書（平成 28 年度版）』等が詳しい．

5) 貧困・生活困窮に関して，厚生労働省監修『厚生労働白書（平成 29 年版）』が社会保障と経済成長について示しており詳しい．

6) 内閣府監修『子供・若者白書（平成 26 年度版）』が詳しい．

7) 生活保護制度は，平成 29 年 5 月開催「社会保障審議会（生活困窮者自立支援及び生活保護部会）」において示された「生活保護制度の現状について」を参照．

8)「社会的排除—社会的包摂」との関係性は，多くの先行研究により示されている．岩田正美『社会的排除——参加の欠如・不確かな帰属』（有斐閣，2008 年）や酒井朗「教育における排除と包摂」『教育社会学研究』96，2015 年，pp.5-24.内閣府社会的排除リスク調査チームの 2012（平成 24）年報告「社会的排除にいたるプロセス——若年ケース・スタディから見る排除の過程」，厚生労働省「「社会的な援護を要する人々に対する社会福祉のあり方に対する検討会」報告書」2000 年などを参照．また，社会的包摂に関して，近藤倫子『社会的包摂（ソーシャル・インクルージョン）政策の展開——我が国と諸外国の実践から：ダイバーシティ（多様性）社会の構築』総合調査報告書，（国立国会図書館，2017 年），pp.15-30 も詳しい．

9)「一人ひとりを包摂する社会」特命チームにより「社会的包摂政策を進めるための基本的考え方」ならびに「社会的包摂政策に関する緊急政策提言」が 2011（平成 23）年に示されている．

10) 現在のわが国の社会福祉の課題について，厚生労働省は 2008（平成 20）年，「地域における「新たな支え合い」を求めて——住民と行政の協働による新しい福祉」を示している．

11）社会福祉に関わる新たな領域の広がりとして，井村圭壮・今井慶宗編著『社会福祉の基本体系（第5版）』（勁草書房，2017年）や橋本好市・宮田徹編『（学ぶ・わかる・みえるシリーズ保育と現代社会）保育と社会福祉（第2版）』（みらい，2017年）などを参照．

12）SDGs（持続可能な開発目標）とは，2001（平成13）年に策定されたMDGsの後継として採択された2030（令和12）年までの国際目標であり，JAPAN SDGs Action Platformとして，外務省において詳細な説明がなされている．

参考文献
鈴木幸雄編著『現代の社会福祉』中央法規出版，2012年
社会福祉の動向編集委員会編『社会福祉の動向2018』中央法規出版，2017年
社会福祉の動向編集委員会編『社会福祉の動向2019』中央法規出版，2019年

第2章　社会福祉の歴史的形成

第1節　欧米の社会福祉の歴史的形成

1　第二次世界大戦前における欧米の社会福祉の歴史

(1)　戦前におけるイギリスの社会福祉の歴史

　中世では，荘園での領主と農奴や，都市でのギルドという同業組合が社会構成の基盤であった．領主は農奴に土地の耕作権を与え課税する一方で，自然災害や飢饉などでは慈善的救済を行った．農奴は，慈善的救済に加えて村落共同体での相互扶助機能により生活をしていた．ギルドでは，構成員の利益を確保するための相互扶助が行われた．

　中世の末期には，貧民が増加した．その原因として，①毛織物工業の発展に伴う荘園での牧羊による農奴の追放（エンクロージャー），②封建家臣団の解体，③宗教改革による修道院解体に伴う貧民救済の停止，④ギルドの崩壊，などがあった．生活の場や職を失った貧民は，浮浪し，物乞いや盗みなどをせざるを得なくなった．このような社会情勢の悪化により，当時の絶対王制は貧民への対応に取り組んでいく．エドワード3世は，浮浪者の取り締まりを厳格にし，違反者には罰を与えるという抑圧政策をとった．

　貧民救済のための最初の法律は，ヘンリー8世の「1531年法」である．「1531年法」では，物乞いを労働不能な者と労働可能な者とに分類し，前者には物乞いの許可証を配布し，後者には出生地もしくは住んでいた地に強制的に送還させるというものであった．

　1601年に制定された「エリザベス救貧法」では，労働能力の有無を基準

として，貧民を労働可能者，労働不能者，子どもの3つに分類し，労働可能者には強制労働を課し，労働不能者には生活扶助を行い，子どもは徒弟奉公に出させた．

17世紀後半には「貧民の有利な雇用」論と呼ばれる考え方により，貧民を労役場で働かせることにより，労働力の担い手とし，救貧費の減少を図った．

18世紀後半から始まった産業革命と農業革命によって，失業者や無産賃金労働者が生み出され，貧困者が増大した．そのため，これまでの「救貧法」の改革の必要性と人道主義の立場から，1782年に「ギルバート法」，1795年には「スピーナムランド法」が制定された．「ギルバート法」では，労働能力がない高齢者や障がい者，孤児などを保護施設に収容し，労働能力のある貧民には院外救済を行った．「スピーナムランド法」では，パン価格と家族数によって算定された最低生活水準に基づき，賃金がその基準に満たない者にはその差額を支給するものであった．しかし，これらの政策によって，救貧税が増大することとなった．そこで，1834年に「新救貧法」が制定され，貧民救済が引き締められた．「新救貧法」では，①全国統一の原則，②劣等処遇の原則，③院内救済を原則とすることが導入された．一方，「救貧法」の救済を受けられない貧困者や浮浪者に対しては，民間の慈善事業が行われていた．各種の慈善団体が独立して活動する弊害を減らすため，慈善組織協会（COS）が1869年に設立された．COSでは，自助努力を基準に救済に値する貧民とそうでない貧民とに分け，救済を限定することにより，慈善事業の濫給を抑制した．COSの活動と同じくして，貧困者への施しではなく，貧困地区の社会改良としてセツルメント運動が始まった．代表的なものとして，1884年にバーネット夫妻がロンドンのスラム街にトインビーホールを創設した．

19世紀後半から20世紀にかけて，ロンドン市，ヨーク市で貧困調査が行われた．これらの調査によって，ほぼ3割の市民が貧困状態にあることが明らかになり，貧困が個人の問題ではなく，社会の問題であるという認識がさ

れるようになった．その結果，1911 年の「国民保険法」により，社会保障
制度が創設された．

(2)　戦前におけるアメリカの社会福祉の歴史

　17 世紀には，ヨーロッパ諸国による植民地が次々と形成された．植民地
住民の増加に伴い，貧困者の数も増え，多くの植民地が，「救貧法」を制定
した．それらは，イギリスの「エリザベス救貧法」を模範とするものであり，
救済の方法は，院外救済であった．

　18 世紀には，北部・中部の都市において，救貧院による救済が実施され
るようになった．

　19 世紀初頭，アメリカでは不況が続いた．このような中で，1821 年に
「クインシーレポート」，1824 年に「イエーツレポート」が出された．いず
れの報告書も貧困者の増大と，それによって生じる救貧費の増大を挙げ，救
貧院での院内救済を提案するものであった．救貧院では，労働能力を持つ貧
困者は，保護の対象とされなかった．保護の対象とされない貧困者が増える
状況のもとで民間慈善団体が活躍した．さまざまな民間慈善団体のうち，代
表的なものは，1843 年に設立された貧民生活状態改善協会（AICP）や，
1877 年に設置され，友愛訪問を実施したバッファローの慈善組織協会
（COS）がある．その後，イギリスの影響を受け，アメリカにおいてもセツ
ルメント運動が実施された．1886 年にニューヨークでネイバー・フッド・
ギルドが，1889 年にはシカゴにハル・ハウスが設立された．

　1929 年から始まった世界恐慌が長期化することにより，失業者と貧困者
が増大した．1933 年に大統領に就任したルーズベルト大統領がニューディ
ール政策を発表し，失業対策に取り組んだ．1935 年に制定された「社会保
障法」では，2 種類の社会保険（年金保険，失業保険）と，3 種類の公的扶助
（高齢者扶助，視覚障がい者扶助，要扶養児童家庭扶助）や社会福祉サービス
（母子保健サービス，肢体不自由児福祉サービス，児童福祉サービス）が創設さ
れた．年金保険は連邦政府の事業とされたが，失業保険や公的扶助，社会福

16 第2章 社会福祉の歴史的形成

祉サービスは州政府の事業とされた.

2 第二次世界大戦後における欧米の社会福祉の歴史

(1) 戦後におけるイギリスの社会福祉の歴史

第二次世界大戦下の 1942 年に出された「ベヴァリッジ報告」は,「窮乏」
「疾病」「無知」「不潔」「怠惰」の 5 大悪に対して,社会保険による社会保障
を実現しようとする政策提言であり,戦後のイギリスの社会保障制度の基盤
となった.この報告書に基づいて社会保障体系が法制化されていった.1945
年に「家族手当法」,1946 年に「国民保険法」「国民保健サービス法」,1948
年に「国民扶助法」「児童法」が制定され,1950 年代には「ゆりかごから墓
場まで」とされる福祉国家が確立することとなった.

1960 年代になると,コミュニティケアや予防的社会サービスの必要性が
高まり,1968 年に「シーボーム報告」が発表された.この報告書に基づき,
1970 年に「地方自治体社会サービス法」が制定され,地方自治体の社会サ
ービス部の設置や,地域を基盤とする包括的な福祉サービスを提供する体制
が作られた.

1970 年代後半には経済停滞により,「福祉見直し論」が唱えられた.1979
年からのサッチャー政権下において,「小さな政府」を目指した社会福祉・
社会保障費を削減する政策の中,民営化とコミュニティケアが進められた.
コミュニティケアを進めるにあたって,1988 年に「グリフィス報告」が出
され,この報告を受けた形で 1989 年に「コミュニティケア白書」が発表さ
れた.「コミュニティケア白書」では,コミュニティケアの役割を,さまざ
まな問題を抱えている市民が,できる限り自立した生活ができるように,コ
ミュニティにおいて必要なサービスや援助を行うこととしている[1].その後,
白書に基づき「国民保健サービスおよびコミュニティケア法」が 1990 年に
成立した.この法により,医療費の抑制とともに,地方自治体がケアマネー
ジメントを行うことやサービスの民間委託が推進された.

1997 年からのブレア首相では,これまでの「ゆりかごから墓場まで」や

「小さな政府」の福祉政策とは異なる「第三の道」を提唱した．「福祉から就労へ」を目標に，2007年に「福祉改革法」を成立させ，ニューディールプログラムと呼ばれるさまざまな就労促進政策が進められた．

(2) 戦後におけるアメリカの社会福祉の歴史

アメリカは，第二次世界大戦から朝鮮戦争まで，軍需が拡大し，急速な経済回復をみせた．その一方で，社会保障の整備が不十分であり，豊かな資本主義大国とされた陰では，貧困者も増え続けた．1964年にジョンソン大統領は「貧困戦争」と宣言し，貧困を克服するために「経済機会法」を制定した．さらに，同年には，「フードスタンプ」という名称の「補足的栄養扶助プログラム」が作られた．1965年には，「社会保障法」の改正により，「メディケア」や「メディケイド」が創設された．しかし，これらの貧困対策は，自助を前提としたものであり，貧困の根本的解決には，至らなかった．

1980年代には，自助精神という伝統的な価値観のもとに，福祉支出の削減が行われ，特に貧困層のための福祉プログラムの支出が抑えられた．

1990年代では，福祉受給者の就労意欲を促進させる施策が実施された．1996年の「個人責任及び就労機会調整法」による福祉改革により，「福祉から就労へ」が福祉政策の基本方針となった．

2000年代の，ブッシュ政権では，中高所得層の減税政策により，就労意欲の向上を図ったが，所得の分極化が進み，低所得者層の生活問題が深刻化した．

第2節　日本の社会福祉の歴史的形成

1　戦前の社会福祉の歴史的形成

(1) 明治期の法制度と慈善事業

1874（明治7）年，「恤救規則」（太政官達第162号）が制定された．「恤救

規則」はその前文で「済貧恤窮ハ人民相互ノ情誼ニ因テ」と規定し，救済は近親・隣保相扶を前提とし，「無告ノ窮民」に限るという制限主義が採られた．1880（明治13）年には罹災困窮農民を対象として「備荒儲蓄法」が制定された．また，1899（明治32）年には「罹災救助基金法」が制定された．なお，1890（明治23）年には，「第一回帝国議会」に「窮民救助法案」（政府提案）が提出されたが，衆議院本会議で否決された．その根底には困窮者への救助は「隣保相扶ノ情誼」を前提とする国の根強い考え方があった．1897（明治30）年には「恤救法案」「救貧税法案」が提出されたが，両案ともに審議を行わず廃案となった．

　明治20年代頃から，民間の慈善事業が多様化しつつあった．1887（明治20）年には石井十次によって「岡山孤児院」が創設された．1891（明治24）年には石井亮一が東京市下谷に「孤女学院」を設立した．1895（明治28）年，東京市芝に「聖ヒルダ養老院」が設立された．「聖ヒルダ養老院」は最初に高齢者のみを収容対象とした施設と位置づけられる[2]．また，1895（明治28）年9月には「日本救世軍」が創立し，11月に山室軍平が入軍した．

　日清，日露戦争終了後，日本は一部の産業においては飛躍的発展を示したが，労働者の窮乏化と米価の高騰，紡績業の不振等もあり，社会不安が顕在化しはじめた[3]．1900（明治33）年，「感化法」が公布された．その背後には，予防対策，治安対策が存在した．なお，1908（明治41）年には「感化法」の改正が行われ，道府県への感化院設立義務化と国庫補助が規定された．また，日露戦争後の地方財政の立て直しと同時に優良吏員の育成，国民教化の推進を図る目的で「地方改良運動」が開始された．この運動には，農村の共同体としての安定化を目的に報徳思想等が持ち入れられた．1909（明治42）年7月には内務省が道府県官，郡官，市町村吏員を対象として「第一回地方改良事業講習会」を開催した．

　医療，公衆衛生の側面においては，1897（明治30）年に「伝染病予防法」が制定された．これは地方における衛生組合等を法制化したものであった．1899（明治32）年は「行旅病人及行旅死亡人取扱法」が施行された．また，

1900（明治 33）年「精神病者監護法」，1904（明治 37）年「肺結核予防ニ関スル件」，1907（明治 40）年「癩予防ニ関スル件」が制定された．これらの法律は，一般救護や医療・衛生に関する法律の代替的な法制度として制定された．なお，1912（明治 45）年には「第二十八回帝国議会」に「養老法案」が提出された．これはイギリスの「老齢年金法」（1908 年）を参考にしたものであったが，即決廃案となった．つまり，養老事業は国家ではなく，慈善事業家に任せるべきとの発言があった．

(2)　大正期からの社会事業

1914（大正 3）年，日本は「第一次世界大戦」に参加した．この大戦の勃発により経済界は動揺し，翌年には米価が暴落，1918（大正 7）年 8 月には富山県で米騒動が起こり，全国に波及していった．また，1923（大正 12）年 9 月には「関東大震災」にみまわれ，戦後恐慌との慢性的不況によって，国民の生活難，大量の失業が恒常的となっていった．1917（大正 6）年には「内務省分課規程」の改正により内務省地方局に「救護課」を設置した．1919（大正 8）年「救護課」は「社会課」に改称され，1920（大正 9）年には「地方局社会課」は「社会局」として独立した．同時に，各府県においても対応する部局が設置されていった．1920（大正 9）年より，各府県に「社会事業主管課」が設置されていった．

1921（大正 10）年，失業対策から「職業紹介法」が制定された．この法律の一つのねらいは都市の失業者を農村へ送り返すという「帰農策」であった．大正期において，国家制度の不備を補充するものとして方面委員制度が誕生した．その先駆は，1917（大正 6）年の「岡山県済世顧問制度」であった．1918（大正 7）年には「大阪府方面委員制度」が成立し，「方面委員設置規程」が公布された．

(3)　昭和期の恐慌と軍国化

1927（昭和 2）年に金融恐慌が起こった．また，1929（昭和 4）年には世界

恐慌の影響により糸価が暴落した. 1930（昭和5）年には農作物価の暴落により，失業者が急激に増大した. また，全国各地で労働争議，社会運動が頻発した. 国民の窮乏化と軍国化の時代に突入していった. そのため，政府は公的救貧立法として，1929（昭和4）年4月「救護法」を公布した. しかし，1930（昭和5）年からの施行予定であった「救護法」は，国家の財源難を理由に実施されなかった. これに対し，全国の方面委員や社会事業従事者が，同年，「救護法実施期成同盟会」を組織し，政府に対して実施要望の社会運動を展開した. 政府は「競馬法」を改正し，その益金を財源にして，1932（昭和7）年に「救護法」を施行した. なお，「救護法」は労働能力のある者は保護の対象としない制限主義，あるいは被救護者に選挙権は与えない等，根源的には「恤救規則」の国家思想は残っていた.

　1931（昭和6）年9月，「満州事変」が起こった. 1937（昭和12）年7月には「盧溝橋事件」（日華事変）が起こり，同年8月，上海で日華両軍が衝突，1938（昭和13）年「国家総動員法」を公布，翌年の1939（昭和14）年には軍事教練を強化し，同年9月に第二次世界大戦へと突入していった. 国民の生活は軍事統制され，すべての場面で耐乏生活が強要された.

　1938（昭和13）年には「社会事業法」が制定された. ただし，本法は民間社会事業に対する補助金交付といった保護助成の機能もあったが，本質的には公私の社会事業の戦争協力を促し，統制強化，思想弾圧を目的として機能したものであった[4]. 1945（昭和20）年には東京大空襲が始まり，全国各地の都市に空襲空爆が開始された. 戦前期に創設された社会事業施設の多くがその被害にあい，消滅していった.

2　戦後の社会福祉の歴史的形成

（1）　終戦直後の福祉政策から福祉六法体制の確立まで

　1945（昭和20）年8月の終戦により，日本は社会的経済的な混乱と，無数の戦災者や海外からの引揚者により生活困窮者が溢れていた. そのため政府は1945（昭和20）年の12月に「生活困窮者緊急生活援護要綱」を制定して

急場をしのいだが，その後，GHQ（General Headquarters; 連合国軍最高司令官総司令部）からの強い要請もあり，1946（昭和21）年9月には「(旧) 生活保護法」が制定された．そして「日本国憲法」制定後の1950（昭和25）年には，旧法の問題点を改善し，生存権の理念に基づいた「(新) 生活保護法」が制定された．

　また同時期，戦争で親や家庭を失った戦災孤児，浮浪児などが蔓延し大きな社会問題となった．このような状況に対応するため1947（昭和22）年には「児童福祉法」が制定され，1949（昭和24）年には，退役傷痍軍人や戦災障がい者の緊急援護のために「身体障害者福祉法」が制定された．いずれも戦争の影響による生活問題を抱えた人々を支援するということから，前述した三つの法律は戦後の福祉三法とも呼ばれている．

　その後，わが国は朝鮮戦争による特需景気を経て高度経済成長に突入するが，知的障がい者の対応，および重度障がい児・者問題，高齢者の増加に伴う高齢化問題，母子家庭の経済ならびに児童の健全育成の問題が表面化した．そこで1960（昭和35）年には「精神薄弱者福祉法」（現：知的障害者福祉法），1963（昭和38）年には「老人福祉法」，1964（昭和39）年には「母子福祉法」（現：母子及び父子並びに寡婦福祉法）が制定され，ここに福祉六法体制が確立した．またその間の1961（昭和36）年には，国民皆保険・皆年金も実施され，全国民を対象とした社会保障制度が整備された．

(2)　福祉見直しとその後の社会福祉の動向

　福祉六法体制の確立後も，日本経済は順調な成長を遂げるとともに「経済優先」から「福祉優先」への転換の兆しもみえはじめた．1973（昭和48）年には，「老人福祉法」の改正による老人医療費の無料化が全国で実施され，福祉予算が増えたことから「福祉元年」とも呼ばれた．しかし，その年の秋の石油ショックにより，日本は低経済成長時代に入り，福祉見直しの時代に入った．政府は1979（昭和54）年には「新経済社会7カ年計画」を発表し，新しく目指す社会として，個人の自助，家庭や地域の相互扶助に重点を置い

た「日本型福祉社会」の構想を提起した．福祉見直しは，財政再建を優先においたものであり，その内容は，福祉の有料化，民間活力の導入などであった．これらの動きはこれまでの福祉六法を軸にした行政主導の公助から，地域社会での多様な担い手による共助への転換であり，福祉サービスの担い手の水準を担保することを目的として，1987（昭和62）年には「社会福祉士及び介護福祉士法」が制定され，福祉の国家資格が誕生した．

1989（平成元）年には，「高齢者保健福祉推進十か年戦略」（通称ゴールドプラン）が策定され，翌年の1990（平成2）年から2000（平成12）年までの10年間で必要な高齢者に関する保健福祉サービスの目標量を明らかにし，21世紀に向けての新たな社会福祉への歩みを始めた．

(3) 社会福祉基礎構造改革と社会福祉の課題

社会福祉基礎構造改革（以下，基礎構造改革とする）は，戦後50年間つづけられてきた社会福祉の仕組みを21世紀型へと改革することである．すなわち「利用者本位のサービス」「サービスの選択」「サービスの質の向上」「効率化」「事業の透明性」「利用者への情報提供」などの理念に基づいた福祉サービスを実現するための改革として推進された．

基礎構造改革のフロントランナーとして2000（平成12）年4月からスタートしたのが介護保険制度であり[5]，行政主導による措置制度から利用者と事業者との対等な契約関係に基づくサービスへと転換された．また同年6月には「社会福祉法」がスタートすることで基礎構造改革の本丸も改革され，それに伴い関連法も改正されていった．そして2007（平成19）年の「社会福祉士及び介護福祉士法」の改正により，社会福祉士の定義や義務規定も見直された．

こうした背景のもと，団塊の世代が後期高齢者となる2025（令和7）年を目途に，高齢者の尊厳の保持と自立の支援の目的のもとで，可能な限り住み慣れた地域で，自分らしい暮らしを続けていくことができるよう，地域における「住まい」「医療」「介護」「予防」「生活支援」の5つのサービスを一体

的に提供できるケア体制（地域包括ケアシステム）の構築が2011（平成23）年の「介護保険法」改正で明記され，自治体でのシステムの構築が義務化され現在に至っている．

注

1）松村祥子編著『欧米の社会福祉の歴史と展望』放送大学教育振興会，2011年，p.179.
2）全国社会福祉協議会老人福祉施設協議会編『老人福祉施設協議会五十年史』全国社会福祉協議会，1984年，p.17.
3）井村圭壮「社会福祉法制度の歴史的推移」井村圭壮編著『社会福祉の法律』西日本法規出版，1999年，p.2.
4）同上書，p.5.
5）伊藤秀樹編者『社会福祉の理論と実践課題』大学図書出版，2014年，p.15.

参考文献

池田敬正・土井洋一編『日本社会福祉綜合年表』法律文化社，2000年
一番ヶ瀬康子監修，山田美津子著『社会福祉のあゆみ──欧米編』一橋出版，1999年
金子光一『社会福祉のあゆみ──社会福祉思想の軌跡』有斐閣，2005年
菊池正治・室田保夫編集代表『日本社会福祉の歴史──制度・実践・思想』ミネルヴァ書房，2003年
西村昇・日開野博・山下政國編著『社会福祉概論──その基礎学習のために（4訂版）』中央法規出版，2010年
橋本好市・宮田徹編集『保育と社会福祉』みらい，2019年
松村祥子編著『欧米の社会福祉の歴史と展望』放送大学教育振興会，2011年
山縣文治・岡田忠克編『よくわかる社会福祉』ミネルヴァ書房，2011年
吉田久一編著『戦後社会福祉の展開』ドメス出版，1976年

第3章　社会福祉の制度と実施体系

第1節　社会福祉の制度・法律

1　日本国憲法

　「日本国憲法」第25条は第1項で「すべて国民は，健康で文化的な最低限度の生活を営む権利を有する」，第2項で「国は，すべての生活部面について，社会福祉，社会保障及び公衆衛生の向上及び増進に努めなければならない」とそれぞれ規定している．この規定を受けて，社会福祉・社会保障に関する多くの法令が制定されている．「日本国憲法」第25条の意味として，判例は「この規定は，すべての国民が健康で文化的な最低限度の生活を営み得るように国政を運営すべきことを国の責務として宣言したにとどまり，直接個々の国民に対して具体的権利を賦与したものではない」「健康で文化的な最低限度の生活なるものは，抽象的な相対的概念であり，その具体的内容は，文化の発達，国民経済の進展に伴つて向上するのはもとより，多数の不確定的要素を綜合考量してはじめて決定できるものである．したがつて，何が健康で文化的な最低限度の生活であるかの認定判断は，いちおう，厚生大臣の合目的的な裁量に委されて」いるとする（昭和42年5月24日最高裁判所大法廷判決民集第21巻5号1043頁）．

2　社会福祉法

　社会福祉においてその共通事項を規定しているのが「社会福祉法」である．「社会福祉法」は第1条において「この法律は，社会福祉を目的とする事業

の全分野における共通的基本事項を定め，社会福祉を目的とする他の法律と相まつて，福祉サービスの利用者の利益の保護及び地域における社会福祉（略）の推進を図るとともに，社会福祉事業の公明かつ適正な実施の確保及び社会福祉を目的とする事業の健全な発達を図り，もつて社会福祉の増進に資することを目的とする」と定めている．「社会福祉法」は，総則，地方社会福祉審議会，福祉に関する事務所，社会福祉主事，指導監督及び訓練，社会福祉法人，社会福祉事業，福祉サービスの適切な利用，社会福祉事業等に従事する者の確保の促進，地域福祉の推進，雑則，罰則の各章からなり，まさに社会福祉の共通的基本事項を定め，その基盤となる事項を定めている．

3 福祉六法

分野別にも多くの法令があるが，中心となるものに福祉六法がある．福祉六法とは「生活保護法」「児童福祉法」「母子及び父子並びに寡婦福祉法」「身体障害者福祉法」「知的障害者福祉法」「老人福祉法」の6つの法律である．「生活保護法」「児童福祉法」「身体障害者福祉法」は当初は戦後処理のための色彩も強く終戦後の昭和20年代に制定された．「母子及び父子並びに寡婦福祉法」「知的障害者福祉法」「老人福祉法」は昭和30年代に制定されている．

「生活保護法」は「日本国憲法第25条に規定する理念に基き，国が生活に困窮するすべての国民に対し，その困窮の程度に応じ，必要な保護を行い，その最低限度の生活を保障するとともに，その自立を助長すること」を目的としている（第1条）．

「児童福祉法」第1条は「全て児童は，児童の権利に関する条約の精神にのつとり，適切に養育されること，その生活を保障されること，愛され，保護されること，その心身の健やかな成長及び発達並びにその自立が図られることその他の福祉を等しく保障される権利を有する」と規定する．2016（平成28）年には「児童福祉法」の理念の明確化等，児童虐待の発生予防，児童虐待発生時の迅速・的確な対応，被虐待児童への自立支援などを内容とする

第1節　社会福祉の制度・法律　　　27

大改正が行われた．

　「母子及び父子並びに寡婦福祉法」は「母子家庭等及び寡婦の福祉に関する原理を明らかにするとともに，母子家庭等及び寡婦に対し，その生活の安定と向上のために必要な措置を講じ，もつて母子家庭等及び寡婦の福祉を図ること」を目的としている（第1条）．

　「身体障害者福祉法」は「障害者の日常生活及び社会生活を総合的に支援するための法律（略）と相まつて，身体障害者の自立と社会経済活動への参加を促進するため，身体障害者を援助し，及び必要に応じて保護し，もつて身体障害者の福祉の増進を図ること」を目的としている（第1条）．

　「知的障害者福祉法」は「障害者の日常生活及び社会生活を総合的に支援するための法律（略）と相まつて，知的障害者の自立と社会経済活動への参加を促進するため，知的障害者を援助するとともに必要な保護を行い，もつて知的障害者の福祉を図ること」を目的としている（第1条）．「身体障害者福祉法」との相違は，文言が「必要に応じて保護し」ではなく「必要な保護を行い」となっている点である．

　「老人福祉法」は「老人の福祉に関する原理を明らかにするとともに，老人に対し，その心身の健康の保持及び生活の安定のために必要な措置を講じ，もつて老人の福祉を図ること」を目的としている（第1条）．

4　福祉六法以外の法令・条約など

　「母子保健法」は「母性並びに乳児及び幼児の健康の保持及び増進を図るため，母子保健に関する原理を明らかにするとともに，母性並びに乳児及び幼児に対する保健指導，健康診査，医療その他の措置を講じ，もつて国民保健の向上に寄与すること」を目的としている（第1条）．

　「障害者基本法」は「全ての国民が，障害の有無にかかわらず，等しく基本的人権を享有するかけがえのない個人として尊重されるものであるとの理念にのつとり，全ての国民が，障害の有無によつて分け隔てられることなく，相互に人格と個性を尊重し合いながら共生する社会を実現するため，障害者

の自立及び社会参加の支援等のための施策に関し，基本原則を定め，及び国，地方公共団体等の責務を明らかにするとともに，障害者の自立及び社会参加の支援等のための施策の基本となる事項を定めること等により，障害者の自立及び社会参加の支援等のための施策を総合的かつ計画的に推進すること」を目的としている（第1条）．

「民生委員法」は「民生委員は，社会奉仕の精神をもつて，常に住民の立場に立つて相談に応じ，及び必要な援助を行い，もつて社会福祉の増進に努めるものとする」と定める（第1条）．民生委員は都道府県知事の推薦により厚生労働大臣が委嘱する（第5条第1項）．民生委員の職務は第14条に定められている．「住民の生活状態を必要に応じ適切に把握しておくこと」（第1号），「援助を必要とする者がその有する能力に応じ自立した日常生活を営むことができるように生活に関する相談に応じ，助言その他の援助を行うこと」（第2号），「援助を必要とする者が福祉サービスを適切に利用するために必要な情報の提供その他の援助を行うこと」（第3号），「社会福祉を目的とする事業を経営する者又は社会福祉に関する活動を行う者と密接に連携し，その事業又は活動を支援すること」（第4号），福祉事務所その他の関係行政機関の業務に協力すること（第5号）が主要なものである．

「障害者の日常生活及び社会生活を総合的に支援するための法律」は「障害者基本法（略）の基本的な理念にのっとり，身体障害者福祉法（略），知的障害者福祉法（略），精神保健及び精神障害者福祉に関する法律（略），児童福祉法（略）その他障害者及び障害児の福祉に関する法律と相まって，障害者及び障害児が基本的人権を享有する個人としての尊厳にふさわしい日常生活又は社会生活を営むことができるよう，必要な障害福祉サービスに係る給付，地域生活支援事業その他の支援を総合的に行い，もって障害者及び障害児の福祉の増進を図るとともに，障害の有無にかかわらず国民が相互に人格と個性を尊重し安心して暮らすことのできる地域社会の実現に寄与すること」を目的としている（第1条）．

「精神保健及び精神障害者福祉に関する法律」は「精神障害者の医療及び

保護を行い，障害者の日常生活及び社会生活を総合的に支援するための法律（略）と相まつてその社会復帰の促進及びその自立と社会経済活動への参加の促進のために必要な援助を行い，並びにその発生の予防その他国民の精神的健康の保持及び増進に努めることによつて，精神障害者の福祉の増進及び国民の精神保健の向上を図ること」を目的としている（第1条）．

「地域保健法」は「この法律は，地域保健対策の推進に関する基本指針，保健所の設置その他地域保健対策の推進に関し基本となる事項を定めることにより，母子保健法（略）その他の地域保健対策に関する法律による対策が地域において総合的に推進されることを確保し，もつて地域住民の健康の保持及び増進に寄与すること」を目的としている（第1条）．

「生活困窮者自立支援法」は2013（平成25）年に制定された法律で「生活困窮者自立相談支援事業の実施，生活困窮者住居確保給付金の支給その他の生活困窮者に対する自立の支援に関する措置を講ずることにより，生活困窮者の自立の促進を図ること」を目的としている（第1条）．

「児童の権利に関する条約」第2条は第1項で「締約国は，その管轄の下にある児童に対し，児童又はその父母若しくは法定保護者の人種，皮膚の色，性，言語，宗教，政治的意見その他の意見，国民的，種族的若しくは社会的出身，財産，心身障害，出生又は他の地位にかかわらず，いかなる差別もなしにこの条約に定める権利を尊重し，及び確保する」，第2項で「締約国は，児童がその父母，法定保護者又は家族の構成員の地位，活動，表明した意見又は信念によるあらゆる形態の差別又は処罰から保護されることを確保するためのすべての適当な措置をとる」と定める．

第2節　社会福祉の施設と専門職

1　社会福祉の施設

「社会福祉法」は社会福祉事業を第一種社会福祉事業および第二種社会福

祉事業に区分する．社会福祉事業のうち，第一種社会福祉事業は，国，地方
公共団体または社会福祉法人が経営することを原則としている（「社会福祉
法」第60条）．社会福祉法人とは「社会福祉法」第22条によれば「社会福
祉事業を行うことを目的として，この法律の定めるところにより設立された
法人」である．社会福祉法人を設立しようとする場合，定款に一定の事項を
定め，厚生労働省令で定める手続に従い，当該定款について所轄庁の認可を
受けなければならない（「社会福祉法」第31条）．

　施設として，例えば「生活保護法」第38条には保護施設の種類として，
救護施設・更生施設・医療保護施設・授産施設・宿所提供施設が定められて
いる．また「児童福祉法」第7条では児童福祉施設として，助産施設，乳児
院，母子生活支援施設，保育所，幼保連携型認定こども園，児童厚生施設，
児童養護施設，障害児入所施設，児童発達支援センター，児童心理治療施設，
児童自立支援施設および児童家庭支援センターが挙げられている．

　「障害者総合支援法」第5条には次のような規定がある．障害者支援施設
とは「障害者につき，施設入所支援を行うとともに，施設入所支援以外の施
設障害福祉サービスを行う施設」である（第11項）．地域活動支援センター
とは「障害者等を通わせ，創作的活動又は生産活動の機会の提供，社会との
交流の促進その他の厚生労働省令で定める便宜を供与する施設」である（第
27項）．福祉ホームとは「現に住居を求めている障害者につき，低額な料金
で，居室その他の設備を利用させるとともに，日常生活に必要な便宜を供与
する施設」である（第28項）．

　「身体障害者福祉法」は第5条で，身体障害者社会参加支援施設として，
身体障害者福祉センター，補装具製作施設，盲導犬訓練施設および視聴覚障
害者情報提供施設を定めている．

　「老人福祉法」第5条の3によれば，老人福祉施設とは老人デイサービス
センター，老人短期入所施設，養護老人ホーム，特別養護老人ホーム，軽費
老人ホーム，老人福祉センターおよび老人介護支援センターである．

　「介護保険法」では，「介護保険施設とは，指定介護老人福祉施設，介護老

人保健施設及び介護医療院をいう」としている（第8条第25項）．なお，「老人福祉法」の特別養護老人ホームは「介護保険法」の介護老人福祉施設と考えてよい．

「母子及び父子並びに寡婦福祉法」では母子・父子福祉施設として，母子・父子福祉センターと母子・父子休養ホームを定めている（第39条）．

2　社会福祉協議会

「社会福祉法」第109条第1項によれば市町村社会福祉協議会は「一又は同一都道府県内の二以上の市町村の区域内において次に掲げる事業を行うことにより地域福祉の推進を図ることを目的とする団体であつて，その区域内における社会福祉を目的とする事業を経営する者及び社会福祉に関する活動を行う者が参加し，かつ，指定都市にあつてはその区域内における地区社会福祉協議会の過半数及び社会福祉事業又は更生保護事業を経営する者の過半数が，指定都市以外の市及び町村にあつてはその区域内における社会福祉事業又は更生保護事業を経営する者の過半数が参加するもの」であり，「社会福祉を目的とする事業の企画及び実施」（第1号）・「社会福祉に関する活動への住民の参加のための援助」（第2号）等を行う．都道府県社会福祉協議会については第110条，全国社会福祉協議会（法律上の名称は社会福祉協議会連合会）は第111条に規定がある．

3　社会福祉の専門職と資格

社会福祉の施設の職員については，例えば児童福祉施設は「児童福祉施設の設備及び運営に関する基準」に定められている．その第42条では「児童養護施設には，児童指導員，嘱託医，保育士（略），個別対応職員，家庭支援専門相談員，栄養士及び調理員並びに乳児が入所している施設にあつては看護師を置かなければならない．ただし，児童40人以下を入所させる施設にあつては栄養士を，調理業務の全部を委託する施設にあつては調理員を置かないことができる．」と定めている．このうち児童指導員については第43

条第1項で「児童指導員は，次の各号のいずれかに該当する者でなければならない.」とし，具体的には，①「都道府県知事の指定する児童福祉施設の職員を養成する学校その他の養成施設を卒業した者」，②「社会福祉士の資格を有する者」，③「精神保健福祉士の資格を有する者」，④「「学校教育法」の規定による大学の学部で，社会福祉学，心理学，教育学若しくは社会学を専修する学科又はこれらに相当する課程を修めて卒業した者」などを規定している.

介護保険施設について，例えば介護老人福祉施設の場合「指定介護老人福祉施設の人員，設備及び運営に関する基準」に定めがある.第2条第1項は指定介護老人福祉施設に置くべき従業者の員数を定めていて，医師，生活相談員，介護職員または看護師もしくは准看護師，栄養士，機能訓練指導員，介護支援専門員について具体的な定めがある.

社会福祉士は「社会福祉士及び介護福祉士法」第2条第1項によれば，「(略)登録を受け，社会福祉士の名称を用いて，専門的知識及び技術をもって，身体上若しくは精神上の障害があること又は環境上の理由により日常生活を営むのに支障がある者の福祉に関する相談に応じ，助言，指導，福祉サービスを提供する者又は医師その他の保健医療サービスを提供する者その他の関係者(略)との連絡及び調整その他の援助を行うこと(略)を業とする者」である.

また，介護福祉士は同法同条第2項によれば「(略)登録を受け，介護福祉士の名称を用いて，専門的知識及び技術をもって，身体上又は精神上の障害があることにより日常生活を営むのに支障がある者につき心身の状況に応じた介護(略)を行い，並びにその者及びその介護者に対して介護に関する指導を行うこと(略)を業とする者」である.

保育士については「児童福祉法」第18条の4において「第18条の18第1項の登録を受け，保育士の名称を用いて，専門的知識及び技術をもって，児童の保育及び児童の保護者に対する保育に関する指導を行うことを業とする者をいう」とされている.

精神保健福祉士は「精神保健福祉士法」第2条によれば「精神保健福祉士法」第28条の登録を受け，「精神保健福祉士の名称を用いて，精神障害者の保健及び福祉に関する専門的知識及び技術をもって，精神科病院その他の医療施設において精神障害の医療を受け，又は精神障害者の社会復帰の促進を図ることを目的とする施設を利用している者の地域相談支援（略）の利用に関する相談その他の社会復帰に関する相談に応じ，助言，指導，日常生活への適応のために必要な訓練その他の援助を行うこと（略）を業とする者」をいうとされている．

第3節　社会福祉の行財政と実施機関

1　社会福祉の財政制度

　年金・医療・福祉など社会保障の給付に要する費用は，国や地方公共団体の一般会計からの直接の支出がなされているほか，特別会計が設けられているものはそこへ一般会計からの繰入が行われ，加入者や事業主が負担する保険料，そして積立金を原資とする運用収入・事業収入などを原資として支出がなされている．国の一般会計をみてみると，社会保障関係費として区分されるものには年金給付費・医療給付費・介護給付費・少子化対策費，生活扶助等社会福祉費などさまざまな費目によって構成されている．国の特別会計としては年金特別会計がある．地方自治体でも例えば市町村には介護保険特別会計がある．

　独立行政法人福祉医療機構は社会福祉事業施設及び病院・診療所等の設置等のための融資を行っている．

2　国の行政機関

　国の社会福祉行政の中核機関は厚生労働省である．「厚生労働省設置法」第3条によれば「国民生活の保障及び向上を図り，並びに経済の発展に寄与

するため，社会福祉，社会保障及び公衆衛生の向上及び増進並びに労働条件
その他の労働者の働く環境の整備及び職業の確保を図ること」（第1項），
「引揚援護，戦傷病者，戦没者遺族，未帰還者留守家族等の援護及び旧陸海
軍の残務の整理を行うこと」（第2項）を任務としている．

　また，独立行政法人福祉医療機構がある．「独立行政法人福祉医療機構
法」第3条によれば「社会福祉事業施設及び病院，診療所等の設置等に必要
な資金の融通並びにこれらの施設に関する経営指導，社会福祉事業に関する
必要な助成，社会福祉施設職員等退職手当共済制度の運営，心身障害者扶養
保険事業等を行い，もって福祉の増進並びに医療の普及及び向上を図るこ
と」（第1項），「厚生年金保険制度，国民年金制度及び労働者災害補償保険
制度に基づき支給される年金たる給付の受給権を担保として小口の資金の貸
付けを行うこと」（第2項）を目的としている．

　公的年金の運営組織として日本年金機構がある．「日本年金機構法」第1
条によれば「日本年金機構は，この法律に定める業務運営の基本理念に従い，
厚生労働大臣の監督の下に，厚生労働大臣と密接な連携を図りながら，政府
が管掌する厚生年金保険事業及び国民年金事業（略）に関し，厚生年金保険
法（略）及び国民年金法（略）の規定に基づく業務等を行うことにより，政
府管掌年金事業の適正な運営並びに厚生年金保険制度及び国民年金制度
（略）に対する国民の信頼の確保を図り，もって国民生活の安定に寄与する
こと」を目的としている．

　また全国健康保険協会が設けられ，健康保険組合の組合員でない被保険者
に係る健康保険事業や船員保険法の規定による船員保険事業に関する業務等
を行っている（「健康保険法」第7条の2）．

3　自治体の行政組織

（1）　福祉事務所

　「社会福祉法」第14条は第1項で「都道府県及び市（特別区を含む．以下
同じ．）は，条例で，福祉に関する事務所を設置しなければならない」，第3

項で「町村は，条例で，その区域を所管区域とする福祉に関する事務所を設置することができる」と定める．

　都道府県の設置する福祉に関する事務所は，「生活保護法」「児童福祉法」「母子及び父子並びに寡婦福祉法」に定める援護または育成の措置に関する事務のうち都道府県が処理することとされているものをつかさどることとされている（第5項）．市町村や特別区の設置する福祉事務所は「生活保護法」「児童福祉法」「母子及び父子並びに寡婦福祉法」「老人福祉法」「身体障害者福祉法」「知的障害者福祉法」に定める援護，育成または更生の措置に関する事務のうち市町村が処理することとされているもの（政令で定めるものを除く）をつかさどる（第6項）．

　「都道府県，市及び福祉に関する事務所を設置する町村に，社会福祉主事を置く」（第18条）こととされている．

(2)　身体障害者更生相談所・知的障害者更生相談所

　「身体障害者福祉法」第11条第1項は「都道府県は，身体障害者の更生援護の利便のため，及び市町村の援護の適切な実施の支援のため，必要の地に身体障害者更生相談所を設けなければならない」とし，「知的障害者福祉法」第12条第1項は「都道府県は，知的障害者更生相談所を設けなければならない」と定める．身体障害者更生相談所には身体障害者福祉司，知的障害者更生相談所には知的障害者福祉司が置かれている．

　例えば，身体障害者福祉司については「身体障害者福祉法」第11条の2に定めがある．「都道府県は，その設置する身体障害者更生相談所に，身体障害者福祉司を置かなければならない」（第1項），「市及び町村は，その設置する福祉事務所に，身体障害者福祉司を置くことができる」（第2項）．このうち都道府県の身体障害者福祉司は，身体障害者更生相談所の長の命を受けて，次の業務を行う（第3項）．すなわち①「市町村の援護の実施に関し，市町村相互間の連絡調整，市町村に対する情報の提供その他必要な援助を行うこと及びこれらに付随する業務」（第10条第1項第1号）のうち，専門的

な知識及び技術を必要とするものを行うこと，②「身体障害者の福祉に関し」「身体障害者に関する相談及び指導のうち，専門的な知識及び技術を必要とするもの」（第10条第1項第2号ロ）である．

知的障害者福祉司に関しても類似の規定がある（「知的障害者福祉法」第13条第3項）．

(3) 児童相談所

「児童福祉法」第12条は「都道府県は，児童相談所を設置しなければならない」と定める．児童相談所は，児童の福祉に関し，「児童福祉法」第11条第1項第1号から第3号に掲げる業務などを行う．例えば，第2号は「児童及び妊産婦の福祉に関し，主として次に掲げる業務を行うこと」として，「各市町村の区域を超えた広域的な見地から，実情の把握に努めること」「児童に関する家庭その他からの相談のうち，専門的な知識及び技術を必要とするものに応ずること」「児童及びその家庭につき，必要な調査並びに医学的，心理学的，教育学的，社会学的及び精神保健上の判定を行うこと」などが掲げられている．

(4) 婦人相談所

婦人相談所は「売春防止法」第34条に基づいて設置されている．他方「配偶者からの暴力の防止及び被害者の保護等に関する法律」第3条第1項は「都道府県は，当該都道府県が設置する婦人相談所その他の適切な施設において，当該各施設が配偶者暴力相談支援センターとしての機能を果たすようにするものとする」と定めている．同条第3項は「配偶者暴力相談支援センターは，配偶者からの暴力の防止及び被害者の保護のため，次に掲げる業務を行うものとする」として第1号から第6号までを掲げている．例えば「被害者に関する各般の問題について，相談に応ずること又は婦人相談員若しくは相談を行う機関を紹介すること」（第1号），「被害者の心身の健康を回復させるため，医学的又は心理学的な指導その他の必要な指導を行うこ

と」（第 2 号）などである.

(5)　精神保健福祉センター

精神保健福祉センターは「精神保健及び精神障害者福祉に関する法律」第
6 条を根拠とする.「都道府県は，精神保健の向上及び精神障害者の福祉の
増進を図るための機関」すなわち精神保健福祉センターを置くものとされて
いる（第 1 項）. このセンターは次の業務を行うものとされている（第 2 項）.

①「精神保健及び精神障害者の福祉に関する知識の普及を図り，及び調査
　研究を行うこと.」

②「精神保健及び精神障害者の福祉に関する相談及び指導のうち複雑又は
　困難なものを行うこと.」

③「精神医療審査会の事務を行うこと.」

④精神障害者保健福祉手帳の申請に対する決定および「障害者総合支援
　法」第 52 条第 1 項に規定する自立支援医療費の支給認定（精神障害者に
　係るものに限る）に関する事務のうち専門的な知識および技術を必要と
　するものを行うこと.

⑤「障害者総合支援法」第 22 条第 2 項または第 51 条の 7 第 2 項の規定に
　より，市町村が介護給付費等の支給の要否の決定または地域相談支援給
　付費等の支給の要否の決定を行うに当たり意見を述べること.

⑥「障害者総合支援法」第 26 条第 1 項または第 51 条の 11 の規定により，
　市町村に対し技術的事項についての協力その他必要な援助を行うこと.

第 4 節　社会保障と関連制度

1　社会保障とは

社会保障制度審議会の 1950（昭和 25）年の「社会保障制度に関する勧
告」において，「いわゆる社会保障制度とは，疾病，負傷，分娩，廃疾，死

亡，老齢，失業，多子その他困窮の原因に対し，保険的方法又は直接公の負担において経済保障の途を講じ，生活困窮に陥った者に対しては国家扶助によって最低限度を保障するとともに，公衆衛生および社会福祉の向上を図り，もってすべての国民が文化的社会の成員たるに値する生活を営むことができるようにすることをいう」とされた．

2　公的年金

(1)　国民年金

「国民年金法」は第1条で「国民年金制度は，日本国憲法第25条第2項に規定する理念に基き，老齢，障害又は死亡によつて国民生活の安定がそこなわれることを国民の共同連帯によつて防止し，もつて健全な国民生活の維持及び向上に寄与することを目的とする」と規定されている．

(2)　厚生年金保険

「厚生年金保険法」第1条は「この法律は，労働者の老齢，障害又は死亡について保険給付を行い，労働者及びその遺族の生活の安定と福祉の向上に寄与することを目的とする」と規定する．

3　公的医療保険

(1)　国民健康保険

「国民健康保険法」第1条は「この法律は，国民健康保険事業の健全な運営を確保し，もつて社会保障及び国民保健の向上に寄与することを目的とする」と規定する．国民健康保険の保険者は，都道府県市町村と国民健康保険組合である．

(2)　健康保険法

「健康保険法」第1条は「この法律は，労働者又はその被扶養者の業務災害（略）以外の疾病，負傷若しくは死亡又は出産に関して保険給付を行い，

もつて国民の生活の安定と福祉の向上に寄与すること」を目的としている．
第4条によれば，健康保険（日雇特例被保険者の保険を除く）の保険者は，全
国健康保険協会および健康保険組合である．全国健康保険協会は，健康保険
組合の組合員でない被保険者の保険を管掌している（第5条）．健康保険組
合は，その組合員である被保険者の保険を管掌している（第6条）．

(3) 船員保険法

「船員保険法」は「船員又はその被扶養者の職務外の事由による疾病，負
傷若しくは死亡又は出産に関して保険給付を行うとともに，労働者災害補償
保険による保険給付と併せて船員の職務上の事由又は通勤による疾病，負傷，
障害又は死亡に関して保険給付を行うこと等により，船員の生活の安定と福
祉の向上に寄与すること」を目的としている（第1条）．

(4) 後期高齢者医療制度

「高齢者の医療の確保に関する法律」は，「国民の高齢期における適切な医
療の確保を図るため，医療費の適正化を推進するための計画の作成及び保険
者による健康診査等の実施に関する措置を講ずるとともに，高齢者の医療に
ついて，国民の共同連帯の理念等に基づき，前期高齢者に係る保険者間の費
用負担の調整，後期高齢者に対する適切な医療の給付等を行うために必要な
制度を設け，もつて国民保健の向上及び高齢者の福祉の増進を図ること」を
目的としている（第1条）．同法の第4章で後期高齢者医療制度が規定され
ている．第47条で，後期高齢者医療は，高齢者の疾病，負傷または死亡に
関して必要な給付を行うことが規定されている．そして市町村は，政令で定
める一定の事務を除く後期高齢者医療の事務を処理するため，都道府県の区
域ごとに当該区域内のすべての市町村が加入する広域連合（後期高齢者医療
広域連合）を設立するものとされている（第48条）．

40　　第3章　社会福祉の制度と実施体系

4　介護保険制度

「介護保険法」第1条は「加齢に伴って生ずる心身の変化に起因する疾病等により要介護状態となり，入浴，排せつ，食事等の介護，機能訓練並びに看護及び療養上の管理その他の医療を要する者等について，これらの者が尊厳を保持し，その有する能力に応じ自立した日常生活を営むことができるよう，必要な保健医療サービス及び福祉サービスに係る給付を行うため，国民の共同連帯の理念に基づき介護保険制度を設け，その行う保険給付等に関して必要な事項を定め，もって国民の保健医療の向上及び福祉の増進を図ること」を目的とすることを定めている．

5　労働保険

（1）　雇用保険

雇用保険は「労働者が失業した場合及び労働者について雇用の継続が困難となる事由が生じた場合に必要な給付を行うほか，労働者が自ら職業に関する教育訓練を受けた場合に必要な給付を行うことにより，労働者の生活及び雇用の安定を図るとともに，求職活動を容易にする等その就職を促進し，あわせて，労働者の職業の安定に資するため，失業の予防，雇用状態の是正及び雇用機会の増大，労働者の能力の開発及び向上その他労働者の福祉の増進を図ること」を目的としている（「雇用保険法」第1条）．

（2）　労働者災害補償保険

労働者災害補償保険は「業務上の事由又は通勤による労働者の負傷，疾病，障害，死亡等に対して迅速かつ公正な保護をするため，必要な保険給付を行い，あわせて，業務上の事由又は通勤により負傷し，又は疾病にかかつた労働者の社会復帰の促進，当該労働者及びその遺族の援護，労働者の安全及び衛生の確保等を図り，もって労働者の福祉の増進に寄与すること」を目的としている（「労働者災害補償保険法」第1条）．

6　社会手当

（1）　児童手当

「児童手当法」第1条によれば「子ども・子育て支援法（略）第7条第1項に規定する子ども・子育て支援の適切な実施を図るため，父母その他の保護者が子育てについての第一義的責任を有するという基本的認識の下に，児童を養育している者に児童手当を支給することにより，家庭等における生活の安定に寄与するとともに，次代の社会を担う児童の健やかな成長に資すること」を目的としている．

（2）　特別児童扶養手当・障害児福祉手当・特別障害者手当

「特別児童扶養手当等の支給に関する法律」は「精神又は身体に障害を有する児童について特別児童扶養手当を支給し，精神又は身体に重度の障害を有する児童に障害児福祉手当を支給するとともに，精神又は身体に著しく重度の障害を有する者に特別障害者手当を支給することにより，これらの者の福祉の増進を図ること」を目的としている（第1条）．

特別児童扶養手当は「障害児の父若しくは母がその障害児を監護するとき，又は父母がないか若しくは父母が監護しない場合において，当該障害児の父母以外の者がその障害児を養育する（略）ときは，その父若しくは母又はその養育者」に対し支給される（第3条）．

重度障害児（障害児のうち，政令で定める程度の重度の障害の状態にあるため，日常生活において常時の介護を必要とする者）に対しては障害児福祉手当が支給される（第17条）．

特別障害者手当は特別障害者（20歳以上であって，政令で定める程度の著しく重度の障害の状態にあるため，日常生活において常時特別の介護を必要とする者）に対して支給される（第26条の2）．

これら手当は，一定の事由に該当する場合には支給されないことがある．

第5節　社会福祉における利用者保護

1　「社会福祉法」の規定

　「社会福祉法」第8章において「福祉サービスの適切な利用」を規定している．第75条は，第1項で「社会福祉事業の経営者は，福祉サービス（略）を利用しようとする者が，適切かつ円滑にこれを利用することができるように，その経営する社会福祉事業に関し情報の提供を行うよう努めなければならない」とし，第2項で「国及び地方公共団体は，福祉サービスを利用しようとする者が必要な情報を容易に得られるように，必要な措置を講ずるよう努めなければならない」と規定する．

　第76条は「社会福祉事業の経営者は，その提供する福祉サービスの利用を希望する者からの申込みがあつた場合には，その者に対し，当該福祉サービスを利用するための契約の内容及びその履行に関する事項について説明するよう努めなければならない」とする．

　また，第78条は「社会福祉事業の経営者は，自らその提供する福祉サービスの質の評価を行うことその他の措置を講ずることにより，常に福祉サービスを受ける者の立場に立つて良質かつ適切な福祉サービスを提供するよう努めなければならない」（第1項），「国は，社会福祉事業の経営者が行う福祉サービスの質の向上のための措置を援助するために，福祉サービスの質の公正かつ適切な評価の実施に資するための措置を講ずるよう努めなければならない」（第2項）と定める．

　「社会福祉法」は第82条で「社会福祉事業の経営者は，常に，その提供する福祉サービスについて，利用者等からの苦情の適切な解決に努めなければならない」とし，また第83条で「都道府県の区域内において，福祉サービス利用援助事業の適正な運営を確保するとともに，福祉サービスに関する利用者等からの苦情を適切に解決するため，都道府県社会福祉協議会に，人格

が高潔であつて，社会福祉に関する識見を有し，かつ，社会福祉，法律又は医療に関し学識経験を有する者で構成される運営適正化委員会を置くものとする」と定めている．

また，第81条は「都道府県社会福祉協議会は，第110条第1項各号に掲げる事業を行うほか，福祉サービス利用援助事業を行う市町村社会福祉協議会その他の者と協力して都道府県の区域内においてあまねく福祉サービス利用援助事業が実施されるために必要な事業を行うとともに，これと併せて，当該事業に従事する者の資質の向上のための事業並びに福祉サービス利用援助事業に関する普及及び啓発を行う」と規定する．社会福祉協議会では日常生活自立支援事業が行われている．

2　施設ごとの規定

児童福祉施設の例として「児童養護施設運営指針」を見てみると，その中に第Ⅱ部各論の4「権利擁護」が規定されている．そこでは①子ども尊重と最善の利益の考慮，②子どもの意向への配慮，③入所時の説明等，④権利についての説明，⑤子どもが意見や苦情を述べやすい環境，⑥被措置児童等虐待対応，⑦他者の尊重が取り上げられている．①ではさらに「子どもを尊重した養育・支援についての基本姿勢を明示し，施設内で共通の理解を持つための取組を行う」など5項目が規定されている．

被措置児童については「被措置児童等虐待対応ガイドライン」がある．これは厚生労働省雇用均等・児童家庭局家庭福祉課長及び厚生労働省社会・援護局障害保健福祉部障害福祉課長連名通知「被措置児童等虐待対応ガイドラインについて」（平成21年3月31日雇児福発第0331002号・障障発第0331009号）に基づくものである．Ⅰ「被措置児童等虐待の防止に向けた基本的視点」1「被措置児童等虐待防止対策の制度化の趣旨」において，「被措置児童等虐待防止の対策を講じるに当たっては，子どもの権利擁護という観点から，子どもたちが安心して生活を送り，適切な支援を受けながら，自立を支えるために環境を整えるとの観点を持って，取組を進めることが必要」であると

し，本ガイドラインは「『被措置児童等虐待』に着目した，都道府県・政令市・児童相談所設置市（略）が準拠すべきガイドラインとして作成したもの」であるとしている．

　また苦情処理について老人福祉施設の規定の例として「特別養護老人ホームの設備及び運営に関する基準」をみてみると，第29条で「特別養護老人ホームは，その行った処遇に関する入所者及びその家族からの苦情に迅速かつ適切に対応するために，苦情を受け付けるための窓口を設置する等の必要な措置を講じなければならない」（第1項）などの定めがある．

　介護保険制度では例えば「指定居宅サービス等の事業の人員，設備及び運営に関する基準」の第36条で苦情処理が定められていた．そのうち第1項では「指定訪問介護事業者は，提供した指定訪問介護に係る利用者及びその家族からの苦情に迅速かつ適切に対応するために，苦情を受け付けるための窓口を設置する等の必要な措置を講じなければならない」としている．

参考文献
井村圭壯・相澤譲治編著『社会福祉の基本と課題』勁草書房，2015年
厚生労働省監修『平成30年版　厚生労働白書』日経印刷，2019年
社会福祉士養成講座編集委員会編集『福祉行財政と福祉計画（第5版）』中央法規出版，2017年
西村昇・日開野博・山下正國編著『社会福祉概論──その基礎学習のために（6訂版）』中央法規出版，2017年
福祉臨床シリーズ編集委員会編『福祉行財政と福祉計画（第3版）』弘文堂，2016年

第4章　社会福祉の民間活動

第1節　社会福祉の民間活動とは

　社会福祉の民間活動とは，行政機関（国・地方公共団体）以外の組織・個人が取り組む生活支援の実践である．欧米諸国の場合，中世以降に普及したキリスト教の博愛精神が社会福祉の民間活動を推進した．博愛精神に基づく慈善活動は，近世・近代の社会変動（宗教改革や産業革命など）を経て，個人的な支援活動から組織的な社会福祉実践に発展した．

　一方，日本では，近世以前より宗教家（仏教徒など）や篤志家（私財を投じる支援者）などが民間活動を担ってきた．また，明治期以降はキリスト教信者による民間活動も発展した．さらに第二次世界大戦後は，ボランティア活動や国の生活保障制度を担う社会福祉法人の組織的な実践が普及した．近年は「特定非営利活動促進法」に基づく NPO 法人（特定非営利活動法人），生活協同組合，企業などの民間活動も増加している．

第2節　社会福祉の民間活動の内容

1　欧米諸国における社会福祉の民間活動

（1）　中世から近世の欧米諸国における社会福祉の民間活動
――キリスト教徒の実践

　キリスト教の博愛精神に基づく慈善活動は，5世紀以降，ヨーロッパ各地に設立された修道院（修道士）による実践と一般信徒（世俗的な生活をおくる

人々）の実践があった.

　それまでのヨーロッパ社会は，多くのキリスト教徒たちが貧しい人々の存在を容認し，慈善活動の対象にしてきた．つまり，慈善活動は，自らの信仰を具現化する手段であった．その後，16世紀前半に形式化・世俗化したローマ・カトリック教会を批判し，キリスト教の宗教改革を提言したドイツのルター（Luther, M.）と宗教改革に取り組む人々（ルター派）は，貧しい生活状況におかれた人々を支援すべき隣人と考え，貧困を社会的問題に位置づけた[1][2].

(2)　イギリスの近代化と社会福祉の民間活動
——慈善組織協会とセツルメント活動

　18世紀後半よりイギリスで始まった産業革命は，富裕層と貧困層の経済的格差を広げ，ロンドンを中心とした都市部には路上生活をおくる人々（特に女性や子ども）が増加していた．当時のイギリスには，慈善活動（Charity）を行う富裕層もいた．彼らの活動は統一感がなく，連携も希薄だった．そこで1869年，慈善活動の組織化・効率化を図るため，「慈善救済組織化および乞食抑制のための協会」が設立され，翌年には慈善組織協会（The Charity Organization Society）に改称された．イギリスの慈善組織協会は，支援対象の人々を分類し，救済に値する貧民を慈善活動の対象としていた．つまり，貧困を個人の問題に位置づけ，貧しい生活状況の人々を取り巻く環境の問題は重視していなかった.

　1867年，イギリスの慈善組織協会設立に関わったデニソン（Denison, E.）は，貧困層の人々が暮らすロンドンの地域でセツルメント活動（知識人がスラム街へ移住し，教育環境改善に取り組む実践）をはじめた．その後，大学関係者やイギリス国教会の牧師・信徒などを中心にセツルメント活動は発展した．彼らは，貧困を社会の問題と考え，貧困層の人々の生活支援だけでなく，居住環境の改善や社会制度改革を推進する運動も行った[3][4].

(3) アメリカで発展した社会福祉の民間活動
——キリスト教の博愛精神と非営利組織

　1776 年の建国以前より続くヨーロッパ諸国からの移民は，アメリカ合衆国（以下「アメリカ」という）の社会にキリスト教の思想・文化を定着させた．一方，アメリカにはネイティブ・アメリカンの人々やアフリカ系アメリカンの人々も生活していた．このように多様な民族が共存するアメリカの社会福祉は，独自の文化をもつ人々が社会に適応するよう支援する民間活動が発展した．

　たとえば，19 世紀後半より活動する児童保護協会（CAS）は，路上生活をおくる子どもや貧困家庭の子どもを支援した．また，同協会は専門的な幼児教育も行った．

　1877 年，アメリカに最初の慈善組織協会（COS）が設立された．その後，1900 年代初頭には，約 140 の慈善組織協会が国内の主要都市で活動していた．一方，イギリスで始まったセツルメント活動は，19 世紀後半よりアメリカにも導入された．20 世紀初頭，国内のセツルメントは 400 か所に増加していた．イギリス以上に発展した理由は，アメリカのセツルメントが諸外国からの移住者が社会に適応できるよう支援する活動拠点になっていたからである．さらにセツルメントは，社会改良運動や女性解放運動を展開する拠点となり，社会保障制度の整備を促進する役割も担っていた．

　第二次世界大戦後もアメリカにおける社会福祉の民間活動は発展した．現代のアメリカでは政府・企業・非営利組織（Non-Profit Organization）が社会を構成しており，社会福祉の民間活動は主に非営利組織が担っている．

　非営利組織のメンバーとして支援活動に関わるアメリカ国民の多くは，市民としての責務を活動理念に位置づけている．また，非営利組織を立ち上げる人々は，複数の市民が同じ問題意識をもち，共通の社会的使命を共有することが活動の契機であると考えている．アメリカ国民に普及している非営利組織の理念は，建国以来の国民意識（自助努力の重視）とキリスト教文化（博愛精神に基づく相互扶助）が基盤といえよう[5][6]．

（4）　20世紀後半におけるイギリス・アメリカの福祉政策と社会福祉の民間活動

アメリカでは，1960年代の民主党政権により，社会保障重視の福祉政策が推進された．その後，1968年に成立した共和党政権は，①経済的自由競争の重視，②規制緩和の推進，③民間委託による公共部門の縮小，④民間活力（企業や非営利組織）による経済的効率やサービス向上を重視した．共和党政権の福祉政策は，建国以来の国民意識（自助努力の重視）と結びつき，企業や非営利組織による社会福祉サービスの民間活動を拡充した．

また，第二次世界大戦後に社会保障制度を拡充してきたイギリスは，1979年以降，保守党政権により，①サービス提供の民営化，②利用者の自己負担増，③雇用よりも経済を優先する政策を推進した．その結果，英国内の社会福祉サービスも民間活動が増加した [7)8)]．

2　日本における社会福祉の民間活動

（1）　日本の近代化と社会福祉の民間活動──第二次世界大戦前の特徴

明治期以降の日本は，政府が近代化政策を進め，人々を取り巻く環境が大きく変容した．しかしながら，国家による救済制度は国民の相互扶助を前提とした恤救規則のみであり，民間人による慈善事業（仏教関係者や篤志家による従来の支援活動，明治期以降に増加したキリスト教関係者の実践）が支援を必要とする人々の暮らしを支えていた．一方，明治期以降の日本では皇室による恩賜（金品などを国民に与えること）が重要な役割を担い，下賜金（皇室から与えられた金銭）は，民間人の慈善事業の資金として活用された．

1915（大正4）年頃から始まる民主主義思想の普及（民本主義）は大正デモクラシーと呼ばれ，明治期以降の慈善事業も社会事業に移行した．社会事業分野では，大正デモクラシーの影響により，人々の権利尊重・自由主義・社会的平等を重視した社会連帯思想が普及し，民間団体や個人による社会事業実践も活性化した．しかしながら，昭和初期より日本は軍事政策が推進され，1945（昭和20）年の終戦までの期間，民間団体や個人による社会事業は戦時

厚生事業に変容し，戦争に役立つ人的資源の維持培養と国民生活の安定（＝銃後の守り）を目的とした戦時国家体制に組み込まれていった[9)10)11)]．

(2)　第二次世界大戦後の福祉政策と社会福祉の民間活動
　　　　　──措置制度中心の時代

　終戦後の日本本土では，GHQ（連合国軍最高司令官総司令部）の間接統治を通して，民主化政策が推進された．そして，1947（昭和22）年5月に施行された「日本国憲法」は，国民を主権者に位置づけ，国民の基本的人権を保障した．さらにGHQは政府の社会福祉政策にいくつかの条件を提示した．その一つが公的責任の原則（生活困窮者の最低生活の保障は政府が責任を担うという理念）であった．政府は，公的責任の原則に基づき社会福祉制度を検討した．その結果，公的責任の原則は，1951（昭和26）年制定の「社会福祉事業法」が定める第一種社会福祉事業（利用者保護の必要性が高い安定した経営基盤の事業）に反映された．政府は，第一種社会福祉事業を運営する社会福祉法人等への措置委託（＝措置制度）をとおして，生活保護だけでなく，さまざまな社会福祉分野に公的責任の原則を拡充していった．このように日本の社会福祉は，社会福祉法人を主体とした民間活動が特徴であった．

(3)　社会福祉基礎構造改革と社会福祉の民間活動

　1980年代以降，日本政府は，財政再建に向けた公共部門の改善を図るため，選択と競争に基づく市場原理を導入した．福祉政策も例外ではなく，社会福祉制度は財政再建のために公的責任の原則を縮小させた．その具体的政策が社会福祉基礎構造改革である．

　1990年代後半より政府が推進してきた社会福祉基礎構造改革は，①自らの生活は自己責任で営むことが基本となる，②自助努力で生活できない場合は社会連帯によって支援するという社会福祉の理念を掲げている．この理念に基づく具体的な政策は，①措置制度から自己選択・自己決定を尊重した利用・契約制度への移行，②第三者評価等によるサービスの質と民営化などに

50　　第4章　社会福祉の民間活動

よる効率性の確保，③地域福祉の確立であった．

　社会福祉基礎構造改革の政策理念には，新自由主義思想を具現化したプライバタイゼーション（規制緩和，市場原理の導入，公営サービスの民営化）が内在している．新自由主義思想（Neo-liberalism）は，個人の自助努力と市場経済システムを重視し，福祉国家体制が官僚支配による個人の自由の侵害と考える政治思想である．また，新自由主義思想は，支援が必要な人々の権利保障よりも支援組織の温情主義を重視し，インフォーマルな支援を補う範囲で公的機関が支援すべきだと考える．社会福祉基礎構造改革以降，介護保険サービスや障がい者福祉サービス，保育サービスなどさまざまな分野にNPO法人（特定非営利活動法人）や生活協同組合・企業などが参入し，社会福祉分野における民間活動の担い手は多様化した[12]．

　（4）　近年の福祉政策と社会福祉の民間活動——地域共生社会の実現

　2018（平成30）年4月1日に施行された「社会福祉法」は「地域包括ケアシステムの強化のための介護保険法等の一部を改正する法律」（平成29年法律第52号）により，従前の同法の一部を改正した内容である．改正後の「社会福祉法」が示す地域福祉の推進の理念は，①地域共生社会を実現する取り組みが住民主体による地域福祉の推進である，②改正「社会福祉法」における地域福祉の推進は「支え手」と「受け手」が固定しない社会や制度づくりや「他人事」であったさまざまな課題を「我が事」としてとらえることができる地域づくりなどが特徴であり，今まで以上に社会福祉の民間活動が重視された政策理念といえよう[13]．

第3節　社会福祉の民間活動の課題

　日本をはじめ，近年の先進諸国（特にアメリカ・イギリス）では，新自由主義思想を具現化したプライバタイゼーションに基づく福祉政策が導入され，社会福祉の民間活動が重視されてきた．しかしながら，イギリスでは1979

年の保守党政権以降，人々の社会的格差が進み，1997年以降の労働党政権は「失業・貧困の原因は一部の国民に対する社会的排除である」という理念（ソーシャルインクルージョン）を提唱した．また，アメリカでは，2009年以降政権が福祉国家システム再生を図った．

このように社会福祉の民間活動は，国家の福祉政策に影響を受けやすいという特徴がある．また，多様な社会福祉の民間活動には，人権尊重や権利擁護などの価値・倫理（その実践理念としての行動規範）を共有することが政策上・実践上の課題といえよう[14]．

注

1) 藤代泰三『キリスト教史』日本YMCA同盟出版部，1979年
2) 日本キリスト教社会福祉学会編『日本キリスト教社会福祉の歴史』ミネルヴァ書房，2014年
3) 高野史郎『イギリス近代社会事業の形成過程――ロンドン慈善組織協会の活動を中心として』勁草書房，1985年
4) 名古忠行『イギリス社会民主主義の研究――ユートピアと福祉国家』法律文化社，2002年
5) ウォルター・I・トラットナー著，古川孝順訳『アメリカ社会福祉の歴史――救貧法から福祉国家へ』川島書店，1978年
6) ピーター・F・ドラッカー著，上田惇生・田代正美訳『非営利組織の経営――原理と実践』ダイヤモンド社，1991年
7) 齋藤純一編著『（講座・福祉国家のゆくえ第5巻）福祉国家／社会的連帯の理由』ミネルヴァ書房，2004年
8) 小林勇人「ワークフェア構想の起源と変容――チャールズ・エヴァーズからリチャード・ニクソンへ」『Core Ethics』3，2007年
9) 生江孝之『社会事業綱要』巌松堂書店，1923年
10) 財団法人三井報恩会『時局下に於ける社会事業の推移』財団法人三井報恩会，1940年
11) 池田敬正『日本社会福祉史』法律文化社，1986年
12) 阿部志郎・右田紀久恵・宮田和明・松井二郎編著『（講座　戦後社会福祉の総括と二一世紀への展望Ⅱ）思想と理論』ドメス出版，2002年
13) 地域における住民主体の課題解決力強化・相談支援体制の在り方に関する検討会「地域力強化検討会最終とりまとめ～地域共生社会の実現に向けた新しいステージへ～」厚生労働省，2017年
14) 前掲7），前掲12）

参考文献

アンソニー・B・アトキンソン著，丸山冷史訳『福祉国家論——所得分配と現代福祉国家論の課題』晃洋書房，2018 年

阿部志郎・右田紀久恵・宮田和明・松井二郎編著『(講座　戦後社会福祉の総括と二一世紀への展望Ⅱ) 思想と理論』ドメス出版，2002 年

池田敬正『日本における社会福祉のあゆみ』法律文化社，1994 年

一番ケ瀬康子ほか編『(講座 社会福祉 2) 社会福祉の歴史』有斐閣，1981 年

ノーマン・ジョンソン著，青木郁夫・山本隆監訳『グローバリゼーションと福祉国家の変容——国際比較の視点』法律文化社，2002 年

第5章　相談援助

第1節　相談援助の理論

1　相談援助とは

　相談援助とは，社会福祉専門職である社会福祉士の業務内容を「社会福祉士及び介護福祉士法」の改正に伴い，相談援助と総称することとされたものである．「社会福祉士及び介護福祉士法」第2条第1項によれば，対象者の相談に応じ，助言，指導，連絡，調整，その他の援助を行うこととされている．また，社会福祉の学問分野では，「ソーシャルワーク（社会福祉援助技術）」のなかで社会福祉専門職（ソーシャルワーカー）が主に用いる技術や技法のことを相談援助として表現している．相談援助を行うということは，単に困難を抱えている人の話を聞けばよいというものではない．社会福祉における専門的な知識と方法に基づき，相談援助活動を展開していかなければならない．近年では，専門機関における相談援助は，生活課題を解決する手段として欠かせないものになりつつある．

　ソーシャルワークは，人間の生活に焦点をあてて社会資源を活用したり，人間関係を調整することによって，クライエントが抱える生活課題の解決や緩和に向けて知識・技術・方法などを活用して行う専門的な取り組みである．ソーシャルワークを活用して生活課題を解決するには，一連の援助を行うための専門知識や技術が必要である．ソーシャルワーカーは，この技術を活用することにより，生活問題を抱えた人々の問題解決を促していく役割があるといえる．

2 相談援助の考え方

(1) ソーシャルワークの実践モデル

相談援助の考え方として大きく分けると2つの考え方のモデルがある．一つは治療モデルである．治療モデルは，医師が病気の原因や種類を特定して薬を処方したり手術をしたりして原因を取り除く．また，カウンセリングでは，カウンセラーがクライエントの心の内面に働きかけ，心の問題を解決できるように援助していく．これらはどちらも，問題を抱えたクライエント自身に問題があり，その問題を取り除くような視点をもって援助するといった考え方である．このような考え方を治療モデルという．

では，社会福祉の分野ではどのようになるのだろうか．身体に障がいがある人が外出できないという生活課題がある場合，治療モデルの考え方であれば，身体の障がいを軽減するためにリハビリをして原因を取り除こうという考え方になる．しかし，リハビリが思うように進まない場合は，生活課題はいつまでも解決することが難しい状況となる．従来のソーシャルワークでは，治療モデルの考え方が中心的であったため，問題の原因はその人自身にあるというものであったが，徐々にソーシャルワーク実践が進むにつれて，治療モデルが改善されて生活モデルに基づいたソーシャルワークが実践されるようになったのである．

そして近年では，それらの実践を包括したジェネラリスト・ソーシャルワークを基盤として実践活動が定着してきている．ジェネラリストソーシャルワークとは，幅広い知識や視点をもち，クライエントの課題解決することを基本にした理論である．ジェネリックいわゆる汎用性のある視点とは，クライエントが抱えた問題の全体像をとらえるという特徴がある．この理論は，人間中心の考え方を基盤として理論化されているため，どの場面でどの実践モデルを活用するかということが重要であるとされている．

（2）　ソーシャルワークの視点

相談援助を実践していくうえで，どのような視点をもってクライエントに関わっていくのか．国際ソーシャルワーカー連盟（IFSW）の「ソーシャルワークの定義」には，①エンパワメントと解放，②人と環境の相互作用，③人権と社会正義の視点について触れられている．これは人間が幸福な暮らしを追求していくことに対するさまざまな壁を乗り越え，突き破っていくための実践の視点であるといえる．

1）　エンパワメントと解放

エンパワメントとは，クライエントが自らの力を自覚して行動できるように支援することである．エンパワメントできることにより，社会的に弱い立場に置かれた人々をその環境から脱却させることができるのである．これがいわゆる解放である．

2）　人と環境の相互作用

私たちの生活は，人と周囲の環境との相互作用によって成り立っている．ソーシャルワークは，周囲の人々や環境との関係を常に意識しながら，支援が必要な人々と関わっていくことになる．

3）　人権と社会正義

人権とは，誰もが人として生きる権利があり，価値ある存在として尊重されるということである．また，ソーシャルワーカーの倫理綱領には「差別，貧困，抑圧，排除，暴力，環境破壊などの無い，自由，平等，共生に基づく社会正義の実現をめざす」として平等で差別のない社会の実現を目指していくこととして社会正義について記載されている．つまり，ソーシャルワークにより，誰もが平等で差別のない社会を実現する視点があることがわかる．

第2節　相談援助の意義と機能

1　相談援助の意義

　ソーシャルワークはクライエントと他者や社会資源とのいわば，橋渡しの役割がある．人と環境を橋渡ししてつなぐことにより，福祉サービスの狭間が生じやすい現代においてとても重要な役割を果たすことができるのである．

2　相談援助の機能（働き）

　近年の福祉ニーズは多様化，複雑化しており，必要とされる機能も拡大してきている．これらには，次のような機能がある[1]．

(1)　仲介的機能（ブローカー）

　クライエントに必要な社会資源等を仲介することで問題解決に導くこと．

(2)　調停的機能（メディエイター）

　クライエントを取り巻く人々との葛藤や争いなどを調停する人間関係調整の働きのこと．

(3)　代弁的機能（アドボケイター）

　自らの権利やニーズを主張できないクライエントに代わって，援助者が権利保障を求めて主張すること．

(4)　側面的援助機能（イネブラー）

　クライエントが自ら問題解決ができるように，クライエントの変化を側面から支援すること．

（5）　教育的機能（エデュケーター）

クライエントに必要な情報や知識を提供し，学習の機会をつくること．

（6）　協働的機能（コラボレイター）

クライエントと援助者は対等な関係を保ちながら，ともに問題解決を図ること．

第3節　相談援助の対象と過程

1　相談援助の対象者

「社会福祉士及び介護福祉士法」の第2条では相談援助にいついて「身体上若しくは精神上の障害があること又は環境上の理由により日常生活を営むのに支障がある者の福祉に関する相談に応じ，助言，指導，福祉サービスを提供する者又は医師その他の保健医療サービスを提供する者その他の関係者（第47条において「福祉サービス関係者等」という．）との連携及び調整その他の援助を行うこと」と規定している．この規定から相談援助の対象者とは，「身体上若しくは精神上の障害があること又は環境上の理由により日常生活を営むのに支障がある者」であり，「環境上の理由により日常生活を営むのに支障がある者で福祉に関する相談に応じ，助言，指導，福祉サービスを提供」されることが必要な者であると理解することができる．

2　対象者のレベル

相談援助の対象を，そのレベルでわかりやすくするとミクロレベルである個人，メゾレベルである家族や集団，マクロレベルである地域や社会として整理することができる．このレベルはマクロレベルの中に，ミクロレベルとメゾレベルが相互に関係して包まれているイメージを持つと，対象者の全体像が把握しやすくなる．

① 個人を対象とするケースワーク⇒ミクロレベル

② 家族，集団（グループ）を対象とするグループワーク⇒メゾレベル

③ 地域を対象とするコミュニティーワーク⇒マクロレベル

3 相談援助の過程（進め方）

相談援助とはクライエントなどが抱える困難の解決や緩和に向けた，援助者による一連の援助の流れである．具体的には，ケースの発見から終結に至るまでが基本的な流れである．

(1) ケースの発見

ケースの発見は，クライエントから援助者に対して援助の必要性を訴えてくる場合と，援助者がクライエントの抱える課題を発見する場合の2種類がある．どちらも，この時点ではクライエントと援助者の「信頼関係（ラポール）」を構築していくことが今後の支援の継続に影響を与えることが多い．クライエントには相談につながったことにより，援助の第一歩が踏み出されたことを伝え，クライエントの不安の除去に努めることが重要である．

ケースを発見する具体的なきっかけとしては，直接来談する場合，電話での受付，メールでの相談などさまざまである．どのような始まりであっても，問題解決に導くことができるように傾聴，共感し，アウトリーチ[2]を忘れずに対応することが大切である．

(2) インテーク（受理面接）

インテークとは，正式に相談を受理した後の，初回面談のことである．クライエントがどのような問題を抱えており何を求めているのかという主訴を聞き取ることが大切である．この段階ではクライエントの抱える課題を援助者がクライエントと一緒に解決していくということを確認するいわば契約となる．クライエントと援助者の関係は指示的な上下関係ではなく，常にクライエントとの対等な関係であることを念頭において支援することが重要とな

る．それと同時に，援助者はクライエントの抱える問題に対して緊急度を判断して段取りを考えながら対応していくことが求められる．

(3) アセスメント（事前評価：①ニーズ把握と②ニーズ確定）

アセスメントとは，クライエントの困難やニーズの全体像を理解するために必要な情報を収集し，どのような援助が必要なのかを判断するプロセスである．アセスメントでは，ニーズの把握とニーズの確定の二つの内容を総合的にとらえ，クライエントの抱える課題の全体像を描き出し，援助計画に結びつけていく．その際に活用できる具体的な援助技法としては，家族関係図を描く「ジェノグラム」やクライエントの環境を図で描く「エコマップ」がある．これらの技法を活用することにより，わかりやすいアセスメントシートを作成することができる．また，アセスメントをする際には，クライエントが自ら問題を解決する力「ストレングス」の視点も大切である．

1）ニーズ把握

利用者が抱える課題は大きいように感じられるが，よくみると小さな課題の集合体であることがわかる．その課題をとらえていく作業がニーズ把握である．ニーズ把握は，クライエントから語られる情報や家族からの情報，関係者からの情報などがあるが，すべてにおいてクライエントの承諾やプライバシーの配慮も忘れてはならない．また，クライエントからの情報は当事者であるがゆえに，客観的にとらえられないこともあるので，クライエントの主訴とクライエントのニーズを分けて考えていく必要もでてくる．

2）ニーズ確定

ニーズの確定とは，クライエントの抱える課題を援助者により専門的な援助の対象として位置づけることである．ニーズの確定においては，現実的に利用できるサービスを想定しながら行われる必要があるため，援助者は地域における社会資源を知識と情報として有しておくことが求められる．

（4） プランニング（援助計画）

アセスメントによって明らかになった事柄をもとに，クライエントの困難を解決するための具体的な問題解決の方法を計画する段階である．クライエントの意向を取り入れながら，必要に応じて計画の修正や変更ができるように，柔軟な対応をする必要がある．ここでは，クライエントが自らの人生の主役としてプランを策定するために，援助者はクライエントに対して十分な説明と同意を求めていくことが大切である．

（5） インターベンション（援助の実施，介入）

支援計画を実施する相談援助の中心的なプロセスである．クライエントの抱える困難に対し，計画に基づいて目標に向けた援助を展開していく．社会資源とつなぐケアマネジメント，クライエントの主体性を促すエンパワメントと，クライエントに代わって権利擁護するアドボカシーなどの活動が必要である．

（6） モニタリング（中間評価）

モニタリングは，援助が効果的になされているかどうかを確認する段階である．場合によっては，アセスメントに戻って再度支援計画の立て直しをする場合もある．援助の過程は一方向の直線ではなく，常にフィードバックされる．

（7） エバリュエーション（事後評価）

これまでの援助が適切であったか，困難が解決あるいは緩和されたか，ほかの問題は生じていないかなどを検討する段階である．

（8） ターミネーション（終結）

クライエントの目標が達成でき，生活上の困難が改善され，生活が安定的に営めると判断されると援助は終結を迎えることになる．援助者はクライエ

ントに対して，新たな課題が生じた場合はいつでも相談に来てほしいことを
伝えることが必要である．

第4節　相談援助の方法と技術

　相談援助の方法と技術は，直接援助技術，間接援助技術，関連援助技術の
三つに分類することができる．

1　直接援助技術

　直接援助技術とは，クライエントに直接的に関わるための援助技術である．
具体的な援助技術として個別援助技術と集団援助技術の二つがある．

（1）　個別援助技術（ケースワーク）

　個別援助技術とは，クライエントが抱えている問題や課題をクライエント
自身が解決できるように，個別に支援していく技術である．この援助では，
クライエントの心を安定させる側面と，社会資源を活用した環境調整の側面，
福祉サービス等を提供する社会的側面がある．援助者がこれらの個別援助を
展開していく場合，援助者がとるべき基本的姿勢を持ちながら支援していく
必要がある．これをバイスティック（F. P. Biestek）が提唱した「バイステ
ィックの7原則」という．

　1）　バイスティックの7原則

　①　個別化

　クライエントはどのような状況であっても一人の個人として大切に対応す
ること．

　確認：先入観や偏見をもってクライエントをみないことが大切である．生
育歴や価値観になど，同じ人は一人としていないことを理解すること．

　②　受容

　クライエントの態度や行動などをありのままに受け止めること．

確認：自分自身の価値観だけで判断しないこと．目の前にいるクライエントを脚色せずありのままに受け止めることが大切である．

③　意図的な感情表出

クライエントが感情を自由に表現できるようにすること．

確認：クライエントにも感情を表現できる権利があることを理解すること．リラックスして相談できる環境か，話しやすい雰囲気づくりはできているかを確認することが大切である．

④　非審判的態度

クライエントに対して援助者の価値観や倫理観のみでクライエントを裁いてはならないということ．

確認：善悪の判断をしてしまっていないかを確認すること．

⑤　自己決定

クライエントが自分自身のことに関して，自分で決めること．

確認：クライエントに対して命令や指示をしていないか確認すること．あくまでもクライエント自身が行動を決定するということを忘れてはならない．

⑥　統制された情緒的関与

援助者が自分の個人的感情を抑え，クライエントの感情を大切にして関わること．

確認：援助者の感情を自覚しながら冷静な判断ができているか，クライエントの感情に流されていないかを確認すること．

⑦　秘密保持

クライエントに関することを外部に漏らさないこと．

確認：クライエントの情報を他の援助者に共有する場合においても事前にクライエントにその旨を伝え同意を得ることを忘れないこと．

（2）　集団援助技術（グループワーク）

集団援助技術とは，支援者が意図的にグループの力を活用した援助技術である．グループには個々のメンバーが発する言葉や行動がグループや個人に

影響を与える特性がある．このことを，グループダイナミックスという．この特性を活用して，援助者がグループ活動を展開していくのである．これらの集団援助技術を展開していく場合も，援助者がとるべき基本的姿勢を持ちながら支援していく必要がある．

1) 集団援助技術の原則

① 個別化の原則

集団の中の一人ひとりのメンバーを個別化すること．

② 受容の原則

グループメンバー一人ひとりの態度や行動などをありのままに受け止めること．

③ 制限の原則

援助者はすべてのメンバーの安全を守らなければならない．そのため他のメンバーの安全を脅かすような言動を取るメンバーには，言動を制限するように働きかけることが必要である．

④ 参加の原則

個々のメンバーがグループに参加できるように環境を整え，メンバーを励まして能力の向上を支援すること．

⑤ 葛藤解決の原則

否定的な部分が葛藤として表面化した場合，援助者は安全で適切な葛藤処理方法を示し，メンバーが葛藤解決能力を得ることができるように支援すること．

⑥ プログラム計画の原則

グループ活動を展開させるため，グループメンバーのニーズに応じたプログラム内容を計画し，目標達成できるように支援すること．

2 間接援助技術

間接援助技術とは，クライエントを取り巻く環境に対して働きかけることにより，クライエントを援助する技術である．代表的なものとして次の五つ

がある.

（1） 地域援助技術（コミュニティワーク）

福祉関係機関などと連携することによって地域の組織化や住民参加を図り，地域における生活課題を解決する援助技術である．このコミュニティワークを行うソーシャルワーカーをコミュニティワーカーという．

（2） 社会福祉調査法（ソーシャルワーク・リサーチ）

地域課題を把握し，適切な援助活動を行うための基礎資料を得るための調査技法である．

（3） 社会福祉計画法（ソーシャル・プランニング）

社会福祉の促進を目的に，福祉サービスにおける計画や策定，実施，評価するための技法である．

（4） 社会活動法（ソーシャル・アクション）

社会福祉の制度や施策の改善を目的とした福祉運動のことである．

（5） 社会福祉運営管理（ソーシャル・アドミニストレーション）

相談援助を提供する施設や機関が福祉サービスの質の向上を図り，関係機関等と連携することで効果的なサービスを提供するための運営技術である．

3 関連援助技術

関連援助技術は，ソーシャルワークに関連する福祉に近い分野の技術のことである．

（1） ケアマネジメント

クライエントが安定した日常生活を送ることができるように，クライエン

トの生活実態に合わせて，福祉や医療・保健などの社会資源を組み合わせて一体的に提供すること．介護分野や障がい福祉の分野で活用されている．

(2)　スーパービジョン

援助者の専門性を向上させるために，ベテランソーシャルワーカーが指導や訓練をすること．スーパービジョンを実施する人をスーパーバイザー，受ける人をスーパーバイジーという．

(3)　カウンセリング

面接を通じてクライエントの抱えている困難な状況を理解し，信頼関係を構築するための技法である．公認心理師や臨床心理士がこの業務の専門職である．

(4)　コンサルテーション

援助の展開過程で，弁護士や司法書士などの専門家から助言を受けること．それぞれの専門的知見からアドバイスをもらうことで，新たな視点を得ることが可能である．アドバイスする専門家をコンサルタント，アドバイスを受ける側をコンサルティーという．

(5)　ネットワーク

家族や友人などのインフォーマルなネットワークと行政などの専門機関によるフォーマルなネットワークがある．

注
1) 全国社会福祉協議会『(新保育士養成講座第4巻) 社会福祉——社会福祉と相談援助』全国社会福祉協議会，2015年，p.155
2) 援助者がクライエント側に対して積極的に働きかけること．

参考文献

宇山勝儀・小林理編著『保育士養成課程　社会福祉』光生館，2012 年

小林育子『保育者のための社会福祉』萌文書林，2010 年

前田敏雄監修『(学ぶ・わかる・みえるシリーズ保育と現代社会) 演習・保育と相談
援助 (第 2 版)』みらい，2019 年

直島正樹・原田旬哉編著『図解で学ぶ保育　社会福祉』萌林書林，2018 年

全国社会福祉協議会『(新保育士養成講座第 4 巻) 社会福祉——社会福祉と相談援
助』全国社会福祉協議会，2015 年

第6章　子ども家庭福祉

第1節　子ども家庭福祉とは

　今日，日本の社会は成熟社会といわれるほど，産業構造の変化は人々の生活に多くの豊かさをもたらした．しかしその一方で，新たな生活課題を有する時代ともいわれている．地域社会の中で人とのつながりが希薄になり，親子ともに地域で孤立し子育てに不安や困難を持っている家庭が多くある．これまで子育ては保護者を中心にきょうだい・祖父母などの近親者や近隣の地域社会の人々との関わりの中で行われ，育ちを互いに共有し生活を営んできた．しかし，精神的絆で結ばれた地域共同体（コミュニティ）の中で職住ともに営まれてきた生活も，時代とともに生活環境の変化や核家族の進行に伴い職住が分離し，つながりを大事にしてきた伝統的な地域社会はほとんどみられなくなった．そしてさらには第4次産業にみられる産業構造の主はAIであり，人々の生活は今までに経験のない社会へと移ることとなった．

　そのような激動の社会において，子どもを取り巻く環境も刻々と変化してきている．虐待問題や貧困問題など，頻繁にメディア等で報道される子どもの問題は，子どもの生命や人生を疎外する危機的状況に置かれていることが多くあり，それらは子ども家庭福祉の喫緊の課題でもある．もとより人は生まれ育った家庭を経験し，やがて親として産み育てる家族を持ち，次の世代につなげる営みを繰り返してきた．それゆえ，子育ては生まれ育った家族をモデルにして行われるほど，子育ての基盤は家庭にあるといっても過言ではないだろう．しかし，現実は子どもの生死に関わるほど，家庭の機能が不全になっているのである．このような生命の問題に関わる支援は，彼らの人生

の展望をいかに切り拓いていくかであり，その中で一層，子どもの最善の利益を保障した実践が重要となる．「児童の権利に関する条約」に日本が批准（1994（平成 6）年）して以来，その精神を踏まえ，子どもは権利を行使する主体とし，子どもの養育責任はその保護者が第一義的責任をもつものとしたことは，わが国の「児童福祉法」にも明文化されているとおりである．

　子ども家庭福祉とは，子どもの健やかな成長・発達を保障するために，子どもを取り巻く現状やその家庭の状況を十分に理解し，子どもの権利を守る観点から，子どもとその家庭がもつニーズを効果的に充足するための社会システム（制度や政策）が構築され，解決に向けた実践を行うことといえる[1]．

第 2 節　子ども家庭福祉の内容

1　子どもの権利擁護

　子どもの人権擁護は，子ども家庭福祉の根幹となるものである．人権とは「人が生まれながらにしてもっている固有の権利」であり，誰からも侵されることのない基本的な権利のことである．子どもの権利が保障されるということは，子どもの生命，成長，発達を根底に，子ども一人ひとりのニーズの充足を可能とし，自己実現が適切に展開されることを意味している．そのことは，つまり子どもたちのよく生きること，豊かに生きることの実現を目指すものである．そのために社会福祉は子どもの育ちを保障する家庭を支援し，共生できるよう社会に働きかけ，子どもの人権を守ることが求められている．

　かつて，世界を巻き込む大きな戦争は，多くの人々の生命を奪い，家族や住居を失わせた．その終局にはその戦禍の反省から，世界平和を願い，国際連合が 1945（昭和 20）年に設立され，人民の基本的人権，人間としての尊厳および価値の実現を目指して，「世界人権宣言」（1948（昭和 23）年）が世界に発信され，「国際人権規約」（1966（昭和 41）年）として示された．これらを基礎として，子どもたちの安定した生活を目指し，子どもの人権を明確

に示した国際的な規約として「児童の権利に関する条約」を1989（平成元）年に国連総会が採択した．この条約に日本は1994（平成6）年に批准をした．

この条約の前文において，「家族が，社会の基礎的な集団として，並びに家族のすべての構成員，特に，児童の成長及び福祉のための自然な環境として，社会においてその責任を十分に引き受けることができるよう必要な保護及び援助を与えられるべきであることを確信し，児童が，その人格の完全なかつ調和のとれた発達のため，家庭環境の下で幸福，愛情及び理解のある雰囲気の中で成長すべきであることを認め」と，子どもの成長発達には家庭の機能が欠かせないことが示され，子どもの固有の権利が明らかにされている．

この条約の特徴は，「子どもの最善の利益」の観点から，差別なく，子どもの生命が守られ，成長・発達することができ，自分の意見を表明して参加する機会が保障される原則が示され，子どもの権利を「生きる権利」「育つ権利」「守られる権利」「参加する権利」の四つの権利に大別している．これらの特徴としては，子ども自身が権利の主体として，これまでの受動的権利だけでなく，子どもの能動的権利について規定したことにある．

日本においても戦後まもなく「児童福祉法」の制定（1947（昭和22）年）により，「子どもは心身ともに健やかに生まれ，育成されること．」「その生活が保障され愛護されること．」「国及び地方公共団体は保護者とともに子どもの育成の責任を負うこと．」が規定された．そして，2016（平成28）年の「児童福祉法」改正では，第1条には「全て児童は，児童の権利に関する条約の精神にのつとり，適切に養育されること，その生活を保障されること，愛され，保護されること，その心身の健やかな成長及び発達並びにその自立が図られることその他の福祉を等しく保障される権利を有する」とあり，「児童の権利に関する条約」について明文化するとともに子どもの人権がより一層明確に示された．

しかし，崇高な理念を掲げることとは裏腹に，時代の変化とともに児童にかかる問題は，複雑多様化している．とりわけ子どもの人権・生命に関わる課題が多発しており，その権利が適切に行使されず，社会的に養護を必要と

する子どもたちが増加している実情があることは先述のとおりである．子ども家庭福祉を担う専門職は，人権に関わる法律を理解し，子どもの権利を守る取り組みが一層求められる．

2　子どもの虐待

　子ども虐待は人権侵害の最たるものとして挙げられよう．2000（平成12）年に「児童虐待の防止等に関する法律」（以下，児童虐待防止法）が制定された．それ以来，児童相談所による相談対応件数が年々増加している．社会的関心の高まりなどもあり，2017（平成29）年度中に対応された相談件数は133,778件で，過去最高値を示している．「児童虐待防止法」第1条に記されているように，虐待とは「児童の人権を著しく侵害し，その心身の成長及び人格の形成に重大な影響を与えるとともに，我が国における将来の世代の育成にも懸念を及ぼすこと」であり，子どもの心身の発達に重大な影響が危惧される．

　また，「児童虐待防止法」第2条において，子ども虐待の種類を四つに分類して定義している．

　①身体的虐待（「児童の身体に外傷が生じ，又は生じるおそれのある暴行を加えること」）

　②性的虐待（「児童にわいせつな行為をすること又は児童をしてわいせつな行為をさせること」）

　③ネグレクト（「児童の心身の正常な発達を妨げるような著しい減食又は長時間の放置，その他の保護者としての監護を著しく怠ること」）

　④心理的虐待（「児童に対する著しい暴言又は著しく拒絶的な対応，児童が同居する家庭における配偶者に対する暴力，その他の児童に著しい心理的外傷を与える言動を行うこと」）とされている．

　また，2017（平成29）年度の児童虐待対応件数のうち，最も多いのが心理的虐待（72,197件：53.97％）であり，次いで身体的虐待（33,223件：24.83％），ネグレクト（26,818件：20.05％），性的虐待（1,540件：1.15％）であった．ま

た，主たる虐待者の実態としては，実母46.9％が最も高い割合を示し，実父40.7％であった[2]．

　子どもの誕生は，家族にとっては大きな喜びであり，社会の関わりの最初の出会いは実の親，特に母親である．子ども虐待は，その一番安心で安全であるべき家庭に異変が生じているところで起きている問題である．多くのメディアで報道されている子どもの生命そのものが奪われる事件が起きている背景に，周囲の気づきにつながりにくい地域の希薄化が挙げられる．また，本来，子どもの人間性の回復（ケア）に従事することを目的とする社会的養護の実践の場においても二重の虐待を経験することが起きている実態も看過できない．

　このような本来，子どもの健やかな育ちに貢献すべき家庭や社会的養護の実践において虐待がおき，子どもたちの人権が疎外されている現状を専門職に従事している者が認識し，権利擁護の視点に立った実践が求められる．そして，虐待はいつでもどこでもだれにでも起こりうる可能性があるということと，それらがエスカレートすることを認識するとともに保育者はその最前線にいるという自覚が必要であろう．

3　子どもの貧困

　「日本国憲法」第25条（生存権）により，「すべて国民は，健康で文化的な最低限度の生活」が保障されている．しかし，子どもの貧困問題は，文化的な最低限度の生活が保障されているとは言い難く，子どもにとって貧困は，①人生のスタートラインに立つ段階でのチャンスの不平等として，②子ども期にふさわしい生活や教育保障の権利侵害という実態として，③人生はじめの時期に希望・意欲・やる気までもが奪われているという現実として表れる[3]．

　子どもの貧困の現状をみると，相対的貧困率は年々上昇しており，2015（平成27）年には16.3％となっている．内訳をみると，子どもがいる現役世帯では13.9％である．また，日本の子どもの相対的貧困率は，OECD（経済

協力開発機構）加盟国（2016 年 35 か国）中でも高い割合を示している [4].

このような深刻化する子どもの貧困対策には，「子どもの将来が生まれ育った環境に左右されることがない社会をめざしつつ，貧困の連鎖を防ぐために，環境整備や各種支援を総合的に推進すること」を目的として，2013（平成 25）年 6 月「子どもの貧困対策の推進に関する法律」が定められた．具体策として，2014（平成 26）年「子供の貧困対策に関する大綱」において，①貧困の世代間連鎖の解消と積極的な人材育成を目指す，②第一に子供に視点を置いて，切れ目のない施策の実施等に配慮する，③子供の貧困の実態を踏まえて対策を推進する，④子供の貧困に関する指標を設定し，その改善に向けて取り組むなど 10 の基本方針が示されている．

また，2018（平成 30）年 11 月に開催された子どもの貧困対策会議において，前述の「子供の貧困対策に関する大綱」策定以降の社会経済情勢の変化等を踏まえて，2019（令和元）年度内を目途に新たな子どもの貧困対策大綱の案を策定することが決定されている．

子どもの貧困は，子どものみならず家庭全体の生活の質（QOL）にも大きく関わり，単に貧困を経済的側面によるものだけでなく，生活の多方面にわたりその影響は著しく一様ではない．一例を挙げると，経済的困窮は，親の就労形態に影響を与える．その結果，子どもと親の時間が持てずにすれ違いの生活を余儀なくされる．そのことで，互いのストレスが高まり，健康を害する事態を引き起こしかねない．このような一つの側面からでなく多方面からのアプローチを必要とする問題が引き起こされるのである．さらには生活の質の観点からみても，子どもたちのさまざまな経験の機会が奪われ，子どもたちの心の内は「何で自分だけ？」を繰り返すうちに，「どうせ自分なんて」へと変わっていく．その過程の中で，他の友人たちと比較しても，当たり前の生活が上手くいかないでいることや多くのことを我慢し，やがては，夢や希望が失われていくことを実感するであろう [5]．やがて，子どもたちの自己肯定感は低くなり，子どもらしい希望も持てなくなり，生きる意欲の低下につながる．これらの境遇はさらに子どもたちの学力の不振や不登校，引

きこもりを引き起こすことになり，子ども家庭福祉の問題として顕在化するのである．これらの問題の解決への道のりは容易ではない．

第3節　子ども家庭福祉の課題

　時代の変容とともに家族形態が変わり，子育てにかかる負担は，親，特に母親にかかっている．そのためにも子育ての孤立を避けるため，地域全体で支える仕組みづくりが急務となろう．

　また，家族形態の縮小化は，子育てにかかる経済的負担も大きくしている．特にひとり親家庭への子どもへの関わりは，経済的にも時間的にも多重の負担が考えられる．子育て支援の制度のさらなる充実が求められるだろう．

　これまでの児童福祉は，支援に必要となる問題への対応を中心に行われる支援であり，保護的な対応が主であった．これからの児童福祉は子ども家庭福祉の観点から，対象を子どもと子育て中の家族（家庭）とし，社会全体で支える仕組みとなっている．また，子ども家庭福祉問題発生の予防的側面においても積極的に関わることになる．ゆえに社会的支援には質的にも量的にも保育者がその重責を担うことが期待されている．

　支援は人と人とのつながりの中で行われる．子どもを権利の主体として，子どもの人権を守り，育てるという子どもの最善の利益を尊重した家庭支援の実践には，職業倫理の高い使命感をもった専門職の確保が重要となる．つまり，子ども家庭福祉の実践者は，①子どもの成長・発達を保証するための「保育力」，②子どもを持つ親・保護者に対する支援の技術としての「相談・援助力」，③親子関係を支援するための「人間関係力」，④子育てをする親子が地域の中で孤立せず，子育てをすることが可能となるような地域へ働きかける力としての「地域連携力」が必要となってくる[6]．そして，これらの視点で実践する保育者の重責は，何より子どもの生命を想うことのできる専門職としての自覚を必要としている．

注

1) 井村圭壯・今井慶宗編著『社会福祉の形成と展開』勁草書房，2019 年，p. 83.
2) 「平成 29 年度福祉行政報告例」厚生労働省
   https://www.mhlw.go.jp/toukei/saikin/hw/gyousei/17/dl/kekka_gaiyo.pdf
3) 浅井春夫・松本伊智朗・湯澤直美編著『子どもの貧困——子ども時代のしあわせ平等のために』明石書店，2008 年，p.4.
4) 児童育成協会監修『(新基本保育シリーズ 4) 社会福祉』中央法規出版，2019 年，p.74.
5) 児童育成協会監修『(新基本保育シリーズ 3) 子ども家庭福祉』中央法規出版，2019 年，p.132.
6) 同上書 4)，p.16.

参考文献

浅井春夫・松本伊智朗・湯澤直美編著『子どもの貧困——子ども時代のしあわせ平等のために』明石書店，2008 年

全国保育士養成協議会監修，西郷泰之・宮島清編集『ひと目でわかる保育者のための児童家庭福祉データブック 2019』中央法規出版，2018 年

井村圭壯・今井慶宗編著『社会福祉の形成と展開』勁草書房，2019 年

児童育成協会監修『(新基本保育シリーズ 4) 社会福祉』中央法規出版，2019 年

『最新　保育士養成講座』総括編纂委員会編『子ども家庭福祉』全国社会福祉協議会，2019 年

第7章　高齢者保健福祉

第1節　高齢者保健福祉とは

　高齢者の多くは心身機能，免疫機能の低下等の理由から福祉的ニーズのみならず保健医療ニーズもあわせもっていることが一般的である．そのために，わが国の高齢者保健福祉は保健，医療，福祉と異なる法制度のもとで展開されてきた．

　また，わが国の社会保障制度はナショナルミニマム[1]の理念に基づき整備されている．その中で高齢者の生活は保健，医療，福祉をはじめ，所得補償や就業・雇用・住環境・生きがい対策・権利擁護など多岐にわたる制度によって支えられている．すなわち，わが国における高齢者保健福祉は高齢者の生命，尊厳，豊かな生活を保障する各種法制度，支援体制，サービスの総体であるといえよう．

　わが国の高齢者対策の基本的枠組みは1995（平成7）年の「高齢社会対策基本法」に基づいている．詳細は次節で述べるが，その目的は高齢社会対策の総合的推進，経済社会の健全な発展と国民生活の安定向上を図ることである．また，その基本理念として公正で活力ある地域社会が自立と連帯の精神に立脚して形成される豊かな社会の構築を掲げている．さらに，高齢社会対策の基本的施策として，就業および所得，健康および福祉，学習および社会参加，生活環境などの施策について国が講ずべき点を明示している．「高齢社会対策基本法」によって政府に作成が義務づけられている高齢社会対策大綱は，4度の見直しを経て，2018（平成30）年に閣議決定された．高齢社会対策大綱は，わが国が，超高齢社会を迎えている中ですべての年代の人々が

76 　第7章　高齢者保健福祉

希望に応じて意欲・能力をいかして活躍できるエイジレス社会を目指すこと
を目的としている．

　歴史的・社会的な所産であるわが国の高齢者保健福祉制度は，いわゆる
「団塊の世代」が後期高齢者となる 2025 年問題と称される，世界のどの国も
これまで経験したことのない超高齢社会に向けた過渡期を迎えている．

第2節　高齢者保健福祉の内容

　わが国の高齢者保健福祉制度は多岐にわたるが，本節では「老人福祉法」
制定以降の経緯にふれ，公的介護保険制度の基本的枠組みと 2006（平成
18）年以降の地域支援事業，2011（平成 23）年改正による地域包括ケアシス
テム，さらに現行の制度に基づいて行われている高齢者保健福祉制度を概観
する．

1　高齢者保健福祉制度・施策の体系

　1956（昭和 31）年の経済白書の冒頭にある「もはや『戦後』ではない」と
いう言葉に象徴される高度経済成長の中，家族構成の変化や高齢者の増加を
予測して 1963（昭和 38）年に「老人福祉法」が制定され，老人福祉がはじ
めて体系的に整備された．この「老人福祉法」は高齢者の福祉サービスのみ
ならず，高齢者保健医療サービスについても，その対象としていた．1972
（昭和 47）年に老人医療費支給制度が創設され，1982（昭和 57）年に「老人
保健法」（現「高齢者の医療の確保に関する法律」）の制定へと続き，1986（昭
和 61）年には在宅福祉サービスが法定化され市町村が主体となって介護サー
ビスを担う地方分権化，高齢者の生きがい対策が展開された．

　1989（平成元）年に寝たきりゼロを目指すゴールドプラン（高齢者保健福
祉推進 10 カ年戦略）が打ち出され，この推進のために 1990（平成 2）年に老
人福祉法を改正し，特別養護老人ホームの入所決定権を都道府県より市町村
に移譲するとともに，全市町村に老人保健福祉計画の策定を義務化させ，市

町村が計画的に在宅と施設のサービスの実施を担う方向性が示された.

　1990 年代半ばより高齢者介護ニーズの普遍化に対応した総合的・一元的な施策が求められるようになり，先述した「高齢社会対策基本法」が 1995（平成 7）年に成立した. その基本理念として第 2 条において目指すべき社会のあり方として以下の 1 から 3 を掲げている.

　1. 国民が生涯にわたって就業その他の多様な社会活動に参加する機会が確保される公正で活力のある社会の構築，2. 国民が生涯にわたって社会を構成する重要な一員として尊重され，地域社会が自立と連帯の精神に立脚して形成される社会の構築，3. 国民が生涯にわたって健やかで充実した生活を営むことができる豊かな社会の構築などである.

　また，基本的施策としては基本理念を反映して，以下の 1 から 5 の国が行うべき施策の方向性と内容が整理されている.

　1. 就業・所得，2. 健康・福祉，3. 学習・社会参加，4. 生活環境，5. 調査研究等の推進.

　このように高齢社会への対策が総合的に構築される方向性が明確化され，進展の一途をたどっている.

　「高齢社会対策大綱」は「高齢社会対策基本法」に基づきおおむね 5 年ごとに策定される. 最新版は 2018（平成 30）年 2 月に閣議決定されたものである. 「高齢社会対策大綱」は基本的理念に基づき，分野別に，1. 就業・所得，2. 健康・福祉，3. 学習・社会参加，4. 生活環境，5. 研究開発・国際社会への貢献等，6. 全ての世代の活躍推進の 6 分野にわたり提言を行っている. 最新版により高齢者の生活保障のみではなく高齢社会における全世代を対象としたエイジレスな社会を目指すことが明示された.

2　介護保険制度

　1994（平成 6）年 12 月に「新たな高齢者介護システムの構築をめざして」（高齢者介護・自立支援システム研究会報告書）が提出され，高齢者の自立支援，高齢者自らによるサービスの選択を基本理念とした社会保険方式の導入が提

案された．その後，1996（平成8）年11月に「介護保険法」案が国会に提出され，長時間の審議を経て，1997年（平成9）年に可決，そして2年間の準備期間を経て2000（平成12）年4月に施行された．介護保険制度は介護サービスのシステムに関し，既存の措置制度から社会保険方式による契約制度へと大きく転換させ，その後の社会福祉基礎構造改革への先鞭をつけたものであった．また，これに合わせて1999（平成11）年12月には「今後5か年間の高齢者保健福祉施策の方向（ゴールドプラン21）」が発表された．これは1994（平成6）年の新・高齢者保健福祉推進十カ年戦略（新ゴールドプラン）後の高齢者保健福祉の方針を示すもので，市町村介護保険事業計画の集計に基づいた介護サービス等の整備目標も示されたが，むしろ高齢者保健福祉施策の方向性に重点がおかれたものであった．特に介護サービス以外の高齢者保健福祉施策として介護予防を重視する姿勢が明確となり，「介護サービスと介護予防は車の両輪」とまで称された．

介護保険制度の目的は以下のように整理することができる．①社会全体で介護を支える介護の社会化，②介護サービス利用の措置制度から利用契約制度への転換，③保健・医療・福祉に分立していた介護サービスや，その手続き費用負担などの統一，④サービス供給主体の多様化に伴う競争原理の導入によるサービスの質の向上，⑤ケアマネジメント理論とシステムの導入による介護の科学化．

また「介護保険法」第1条（目的）のなかに介護の重要な理念が明示されており，また，「介護保険法」も含む社会福祉全体を規定する「社会福祉法」においては，その第3条で福祉サービスの基本的理念が規定されている．これらをふまえると，介護保険制度の理念は次の①個人の尊厳の保持，②自立した日常生活の保障，③国民の共同連帯，に整理できる．

介護給付は要介護1から要介護5の認定を受けた要介護者が利用できるサービスである．表7-1のように12種類の居宅サービス，3種類の施設サービス[2]，9種類の地域密着型サービスから構成されている．居宅サービスと地域密着型サービスについては，要介護の程度ごとに月の支給限度額が定め

第 2 節　高齢者保健福祉の内容　　79

表 7-1　サービス等の種類 2018（平成 30）年 4 月

	予防給付におけるサービス	介護給付におけるサービス
都道府県が指定・監督を行うサービス	●介護予防サービス 【訪問サービス】 ・介護予防訪問入浴介護 ・介護予防訪問看護 ・介護予防訪問リハビリテーション ・介護予防居宅療養管理指導 【通所サービス】 ・介護予防通所リハビリテーション 【短期入所サービス】 ・介護予防短期入所生活介護 ・介護予防短期入所療養介護 ・介護予防特定施設入居者生活介護 ・介護予防福祉用具貸与 ・特定介護予防福祉用具販売	●居宅サービス 【訪問サービス】 ・訪問介護 ・訪問入浴介護 ・訪問看護 ・訪問リハビリテーション ・居宅療養管理指導 【通所サービス】 ・通所介護 ・通所リハビリテーション 【短期入所サービス】 ・短期入所生活介護 ・短期入所療養介護 ・特定施設入居者生活介護 ・福祉用具貸与 ・特定福祉用具販売 ●居宅介護支援 ●施設サービス ・介護老人福祉施設 ・介護老人保健施設 ・介護医療院
市区町村が指定・監督を行うサービス	●介護予防支援 ●地域密着型介護予防サービス ・介護予防小規模多機能型居宅介護 ・介護予防認知症対応型通所介護 ・介護予防認知症対応型共同生活介護（グループホーム）	●地域密着型サービス ・定期巡回・随時対応型訪問介護看護 ・小規模多機能型居宅介護 ・夜間対応型訪問介護 ・認知症対応型通所介護 ・認知症対応型共同生活介護（グループホーム） ・地域密着型特定施設入居者生活介護 ・地域密着型介護老人福祉施設入居者生活介護 ・看護小規模多機能型居宅介護 ・地域密着型通所介護
その他	・住宅改修	・住宅改修

市町村が実施する事業	●地域支援事業 ・介護予防・日常生活支援総合事業
	(1)介護予防・生活支援サービス事業 　訪問型サービス，通所型サービス，生活支援サービス，介護予防ケアマネジメント　　(2)一般介護予防事業 　介護予防把握事業，介護予防普及啓発事業，地域介護予防活動支援事業，一般介護予防事業評価事業，地域リハビリテーション活動支援事業
	・包括的支援事業（地域包括支援センターの運営）総合相談支援業務，権利擁護業務，包括的・継続的ケアマネジメント支援業務　　・包括的支援事業（社会保障充実分） 　・在宅医療，介護連携推進事業 　・生活支援体制整備事業 　・認知症総合支援事業 　・地域ケア会議推進事業
	・任意事業

（出所：厚生労働統計協会編（2017）『国民の福祉と介護の動向 2017/2018』厚生労働統計協会，153 頁を筆者加筆修正）

られている（要介護1-16,692単位〜要介護5-36,065単位）.

　要支援1, 2の認定を受けた要支援者を対象とする予防給付はかなり限定的であり, 2014（平成26）年の法改正で予防給付から地域支援事業に移行した介護予防訪問介護と介護予防通所介護を除いて, 居宅サービスおよびその他のサービスは頭に「介護予防」をつけて介護給付に準じたサービスが設定されているが, 施設サービスは利用できない. また, 地域密着型サービスについても介護給付に準じた3種類のみを介護予防給付として利用することができる. 予防給付も要支援ごと（要支援1-5,003単位, 要支援2-10,473単位）に月の支給限度額が定められている.

3　地域支援事業

　2003（平成15）年6月の「2015年の高齢者介護」（高齢者介護研究会報告書）が主張した「高齢者の尊厳を支えるケア」に加えて2004（平成16）年に高齢者リハビリテーション研究会が提示した「高齢者リハビリテーションのあるべき方向」は地域における介護予防の意義を主張し, 地域支援事業と地域包括支援センター創設の理論的背景となった.

　2006（平成18）年に創設された地域支援事業は, 高齢者が要介護状態等となることを予防すること, または要介護状態等の軽減もしくは悪化の防止, そして高齢者の地域での自立生活を支援することを目的とした.

　2015（平成27）年の制度改正においては, 「包括的支援事業」「任意事業」と併せて「介護予防・日常生活支援総合事業」（総合事業）を実施することとした（「介護保険法」第115条の45）. この総合事業の実施については, これまで要支援者に提供されてきた介護予防通所介護と介護予防訪問介護が2017（平成29）年度末ですべて市町村の地域支援事業に移行し, 新たに総合事業として展開されはじめた.

4　包括的支援事業

　2005（平成17）年に地域包括支援センターは市町村によりおおむね人口2

万人〜3万人の圏域として設けられる日常生活圏域ごとに設置された．総合事業のうち介護予防ケアマネジメントならびに包括的支援事業を展開し，地域住民の心身の健康保持，生活安定のための必要な援助を行うことを目的としている．市町村は老人介護支援センター等の設置者等に，包括的支援事業を委託できるほか，総合事業の実施，任意事業の実施についても委託することが可能である．

　センターの職員体制は保健師，社会福祉士，主任介護支援専門員で構成され，チームとして業務に対応することが求められている．地域包括支援センターは公平・公正・中立な立場から以下の1から6の基本機能を有する．

　1. 総合相談支援，2. 虐待防止・権利擁護，3. 包括的継続的ケアマネジメント支援，4. 介護予防体制の整備促進，5. 在宅医療・介護連携の推進，6. 認知症施策の推進．

　2010（平成22）年5月，厚生労働省（以下，厚労省）は「地域包括ケア研究会報告書〜今後の検討のための論点整理〜」を公表した．その後2011（平成23）年「介護保険法」改正においてに住民相互の互助の観点を包含した地域包括ケアシステムを導入した．これは介護保険制度もそのシステムを支える一制度として考えるというものであった．さらに2015（平成27）年に厚労省の新たな福祉サービスのシステム等のあり方検討プロジェクトチームは「誰もが支え合う地域の構築に向けた福祉サービスの実現—新たな時代に対応した福祉の提供ビジョン—」において，地域包括ケアシステムの考え方を高齢者のみならず，介護や障がい，子育て，生活困窮者といった分野の垣根を越えて，すべての人に発展・拡大させ，各制度とも連携するといった方針を掲げ，これを「全世代・全対象型地域包括支援体制」と位置づけた．

　近年は共働き世帯やひとり親世帯の増加，少子高齢化，核家族化，つながりの希薄化，格差の拡大といった環境の変化がすすむなか高齢者介護，子育て支援，生活困窮，障がい者福祉，在宅医療等，さまざまな分野において家庭・地域における支援力の低下は顕著となっている．こうしたニーズに対する支援のあり方としても，既存のような分野ごとの対応では，必ずしも十分

な支援が実現できるとは限らない状況が生じてきている．また，ミクロ（個別）レベルの課題をメゾ（地域）で支える体制の構築が求められている．

5　任意事業

　上記以外に市町村は以下1から3の事業を行うことができる．1. 介護給付等に要する費用の適正化のための事業，2. 家族介護者のための介護方法の指導，支援のための事業，3. その他の介護保険事業の安定化のための事業および高齢者の地域における自立生活の支援のための事業．

第3節　高齢者保健福祉の課題

　当初は貧困に伴う生活困窮者を対象としていた日本の高齢者保健福祉施策は，介護中心へと変化していった．これは高齢者介護に関する家族機能の変化に伴う外部化，介護の社会化ともいえよう．そして，その介護も保護収容・措置から地域における自立支援が重視されるようになった．

　2000（平成12）年に改正・改題された「社会福祉法」第4条（地域福祉の推進）では「福祉サービスを必要とする地域住民が地域社会を構成する一員として日常生活を営み，社会，経済，文化その他あらゆる分野の活動に参加する機会が確保される」[3]とノーマライゼーション[4]を謳っている．2003（平成15）年に厚労省に設置された高齢者介護研究会が発表した報告書「2015年の高齢者介護」（高齢者の尊厳を支えるケアの確立に向けて）以降，介護保険制度は，予防重視型システムへと転換が強調された．また，介護予防とともに重視されたのが地域自立支援であり，高齢者が住み慣れた地域で，包括的かつ継続的に介護支援を展開していくといった方向性が示された．つまり，日本の高齢者保健福祉は地域ケアへの転換という新たな局面を迎えることとなった．2017（平成29）年に「介護保険法」とセットで「社会福祉法」が改正され，その第4条（地域福祉の推進）において地域がめざすべき「互助的」な支え合いが制度上位置づけられた．

今日，高齢者介護や子育て，生活困窮，障がい，医療，児童福祉等といったさまざまな生活課題の分野の垣根を越えて，誰もが支え合う地域福祉を主眼とする地域包括ケアシステムの構築が展開されている．そのなかで，各種制度を横断的・総合的にコーディネートし，クライエントへのニーズ・レッド・アプローチを展開するジェネラリスト・ソーシャルワーク[5]を担う，機関，人材が求められている．

注
1）国民的最低限＝社会保障を含む国民生活の諸条件に関する最低限度の基準．
2）介護療養型医療施設（療養病床）は2017年度末で廃止されることになった（2024年3月末までの移行期間が設けられている）．2018年度より医療機能，介護機能，生活施設を備えた介護保険施設である「介護医療院」が創設された．
3）高橋信幸・平野方紹・増田雅暢編著『（新・介護福祉士養成講座2）社会と制度の理解』中央法規出版，2009年，p.195.
4）1950年代にデンマークのバンク＝ミケルセンが提唱した脱施設化を支える理念．マイノリティを排除するのではなくマジョリティとともに当たり前の生活をおくることができる社会がノーマルな社会であるという考え方．
5）ジェネラリスト・ソーシャルワークとは援助の対象となるクライアントに対して専門領域や制度，その他の条件による“境界”といった制限を設けないソーシャルワーク実践であるといえよう．

参考文献
福山和女編著『ソーシャルワークのスーパービジョン――人の理解の探究』ミネルヴァ書房，2005年
和気純子「支援困難ケースからみる地域ケア会議の意義と地域包括ケアシステム」『ソーシャルワーク研究』42，相川書房，2017年
渡部律子「社会福祉実践を支えるスーパービジョンの方法――ケアマネジャーにみるスーパービジョンの現状・課題・解決策」『社会福祉研究』103，鉄道共済会，2008年
空閑浩人編著『ソーシャルワーク入門』ミネルヴァ書房，2009年
相澤譲治・杉本敏夫編著『相談援助の基盤と専門職（第4版）』久美，2015年

第8章　障がい者福祉

第1節　障がい者福祉とは

1　障がいの定義とその変遷

　これまで，障がいの概念は時代や文化とともに変化してきた．しかし，WHO（世界保健機関）は，その障がいの概念を国際的に共通認識し，医療や福祉サービスの現場における総合評価やサービス計画など多数の分野で活用しようと，1980（昭和55）年「国際障害分類（ICIDH）」を定めた．その中では，医学レベルでの障がいを「機能障害」，生活レベルでの障がいを「能力障害」，社会レベルでの障がいを「社会的不利」に分けて定義した．これは例えば，疾患・変調が原因となってマヒや動きの鈍さなどが起こり（機能障がい），移動することができないという制限（能力障がい）などが生じ，結果として社会活動ができなくなるという（社会的不利），いわば障がいの概念を一方向で表したものである．

　しかし，この一方向で示した障がいの捉え方には批判的な意見とさまざまな誤解が生じた．これを受け，WHOは障がいのマイナスの側面を捉えるのではなく，潜在能力や残存機能を引き出すという肯定的な側面に主眼を置き，2001（平成13）年に「国際生活機能分類（以下，ICF）」を提示した[1]．このICFでは，機能障がいを「心身機能・身体構造」，能力障がいを「活動」，社会的不利を「参加」と改め，また人々が生活し，人生を送っている物的・社会的・態度的環境を「環境因子」，個人の人生や生活の特別な背景を「個人因子」として加え，各分野が相互に作用する関係にあるということを明確化

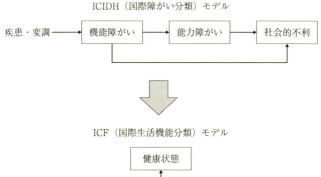

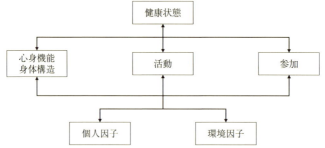

(出所:厚生労働省 第1回社会保障審議会統計分科会　生活機能分類専門委員会参考資料　筆者一部改変)

図8−1　ICIDH と ICF の障がいの概念の違い

した(図8-1).

2　障害者権利条約の採択と障害者基本法の改正

　2006(平成18)年,障がい者の人権および基本的自由の享有また障がい者固有の尊厳の尊重の促進を目的として,国連総会にて「障害者権利条約」が採択された.日本は2007(平成19)年にこの権利条約に署名し,この条約に対応する形で整備されたのが「障害者基本法」の改正である.元々「障害者基本法」とは,1970(昭和45)年に制定された「心身障害者対策基本法」が,1993(平成5)年に改正・改題されたものである.

　この法律では,障がい者を「身体障害,知的障害,精神障害(発達障害を含む.)その他の心身の機能の障害(以下「障害」と総称する.)がある者であって,障害および社会的障壁により継続的に日常生活又は社会生活に相当な

制限を受ける状態にあるもの」[2]と定義した．また障がい者の自立や社会参加を支援するための基本事項が定められており，障がいを理由とする差別の禁止ならびに社会的障壁の除去，差別禁止に違反する行為防止などが明記され，法律施行後は共生社会の実現を目指したさまざまな施策が実施されるようになった．

第2節　障がい者福祉の内容

1　身体障がい

昭和 24（1949）年に「身体障害者福祉法」が制定された．この法律は，身体障がい者の自立や社会における経済活動への参加を促すために，身体障がい者を援助し，必要に応じて保護し，その福祉の増進を図ることを目的としている．

この「身体障害者福祉法」には障がいの種類が定義されており，具体的には「視覚障害，聴覚又は平衡機能の障害，音声機能・言語機能又は咀嚼機能の障害，肢体不自由，心臓・腎臓又は呼吸器の機能障害，その他政令で定める障害」であり，これらを総称して身体障がいという．

なお，身体障がい者については，「身体障害者福祉法施行規則」に定められた「身体障害者障害程度等級表」に掲げる身体上の障がいがある 18 歳以上の者で，「身体障害者手帳」の交付を受けたものとしている．

『平成 30 年版障害者白書』[3]によると，身体障がい者（身体障がい児含む．以下同じ）の概数は 436 万人である．その内，在宅で生活している身体障がい者数は 428 万 7,000 人であるが，これを年齢階層別にみると 18 歳未満 6 万 8 千人（1.6％），18 歳以上 65 歳未満 101 万 3,000 人（23.6％），65 歳以上 311 万 2,000 人（72.6％）であり，70 歳以上に限っては 253 万 6,000 人（59.2％）となっている．これらの数値の結果をみると，障がい者の高齢化が進んでいることが顕著にわかり，今後は障がいに関する支援のほか，加齢に伴う

生活障がいに対する総合的な支援が必要とされる.

2 知的障がい

1960（昭和 35）年には「知的障害者福祉法」が施行された．この法律は，知的障がい者の自立や社会経済活動への参加を促進することを目的とした法律で，1960（昭和 35）年当初は「精神薄弱者福祉法」という名称であったが，1999（平成 11）年の「精神薄弱の用語の整理のための関係法律の一部を改正する法律」によって，現在の法律名に改題された．

「知的障害者福祉法」では，知的障がい者の定義については明確に定められておらず，現在は，1990（平成 2）年に実施された「精神薄弱児（者）福祉対策基礎調査」の対象となった「知的機能の障害が発達期（おおむね 18 歳まで）にあらわれ，日常生活に支障が生じているため，何らかの特別の援助を必要とする状態にあるもの」[4]との規定が定義として多く用いられている．なお，知的障がい者（児）の手帳制度では，適切な支援および一貫した指導・相談を受けやすくすることを目的として「療育手帳制度」が定められている．ただし，「知的障害者福祉法」では「療育手帳制度」については規定されておらず，1973（昭和 48）年，当時の厚生省が通知した「療育手帳制度について」に基づき，各都道府県において実施要綱が定められている．

『平成 30 年版障害者白書』[5]によると，知的障がい者（知的障がい児含む．以下同じ）の数は 108 万 2,000 人であり，在宅の知的障がい者数は 96 万 2,000 人である．年齢階層別にみると，18 歳未満 21 万 4,000 人（22.2%），18 歳以上 65 歳未満 58 万人（60.3%），65 歳以上 14 万 9,000 人（15.5%）となっている．身体障がい者の数値結果と比べると，18 歳未満の割合が高く，65 歳以上の割合が低い．これは，以前に比べ，知的障害に対する認知度が高くなり，療育手帳取得者が増加したことが要因の一つとなっている．

3 精神障がい

1950（昭和 25）年に，国民の精神的健康の保持および向上を図ることを目

的として「精神衛生法」が制定された．しかし，精神科病院内での看護職員による入院患者暴行殺人事件（宇都宮事件）が発生し，日本の精神医療は大きな批判を受けた．これにより，当時の厚生省は「精神衛生法」の改正に着手し，1987（昭和62）年に「精神保健法」が制定され，入院患者の処遇や看護の強化，また精神障がい者の福祉の増進が図られた．

1995（平成7）年には，「精神保健法」の理念を受け継ぎ，改正・改題する形で「精神保健及び精神障害者福祉に関する法律」が制定された．この法律は，精神障がい者の医療や保護，社会復帰の促進，自立などの促進のために必要な援助を行うことを目的とした法律である．

「精神保健及び精神障害者福祉に関する法律」では，対象とする精神障がい者を「統合失調症，精神作用物質による急性中毒又はその依存症，知的障害，精神病質その他の精神疾患を有する者」[6]と定めている．また，その援助機関として精神保健福祉センターの設置や，地方精神保健福祉審議会，精神医療審査会などの機関を都道府県に設置することなどの規定があり，また各種の支援策を講じやすくし，精神障がい者の社会復帰，自立社会参加の促進を図ることを目的とした「精神障害者保健福祉手帳」について定めている．

『平成30年版障害者白書』[7]によると，精神障がい者の数は392万4,000人である．なお，年齢階層別では2014（平成26）年の数値結果を記載しており，当時の精神障がい者数361万1,000人のうち，25歳未満36万3,000人（10.1％），25歳以上65歳未満192万6,000人（53.3％），65歳以上132万7,000人（36.7％）となっている．

精神障がい者には疾病と障がいが共存しており，医療と福祉の二つの側面から支援に当たらなければならない．また，精神障がいの特性が周囲に理解されず，その孤立感が新たな支障を生み出すこともある．よって，支援にあたっては，治療的・リハビリテーション的・社会福祉的という多岐にわたるチームアプローチが必要である[8]．

4 発達障がい

2005 年（平成 17）年には「発達障害者支援法」が施行された．この法律では，発達障害とは「自閉症，アスペルガー症候群その他の広汎性発達障害，学習障害，注意欠陥多動性障害その他これに類する脳機能の障害であって，その症状が通常低年齢において発現するもの」[9]とされている．なお，米国精神医学会が発行する「精神障害の診断と統計マニュアル」（DSM-5）では，広汎性発達障がいは「自閉症スペクトラム症」，学習障がいは「限局性学習症」，注意欠陥多動性障がいは「注意欠如・多動症」と，新しい定義として変更されている．

発達障がいに関しては，その支援を受けるための専門的な手帳制度はなく，地域によって差があるものの，知能指数（IQ）がおおむね 75 を下回る場合は療育手帳，精神疾患を伴う場合は精神障害者保健福祉手帳を取得し，個人に合ったサービスを受けることができる．なお「平成 28 年生活のしづらさなどに関する調査」[10]によれば，医師から発達障がいと診断された者は，48万 1,000 人（推計値）である．

発達障がいは社会性の障がいともいわれ，他者とのコミュニケーションや場の雰囲気に対応することが難しいなど，さまざまな生活のしづらさが伴う．そして，周囲から誤解や偏見を受け，差別やいじめといった二次的な障がいに発展する場合も多い．とりわけ，幼少期においては発達段階と相まってその判断が難しく，障がいが疑われる場合には，いわゆるグレーゾーンとして注視して対応していかなければならない．なお，都道府県単位で発達障害者支援センターが設置されており，発達障がいに対する相談支援や発達支援，就労支援や啓発・研修などが実施されている．

5 難病

1972（昭和 47）年，当時の厚生省が「難病対策要綱」の中で難病の定義を示した．それは「原因不明，治療法未確立であり，かつ，後遺症を残すおそ

れが少なくない疾病」[11]また「経過が慢性にわたり，単に経済的な問題の
みならず介護等に著しく人手を要するために家庭の負担が重く，また精神的
にも負担が大きい疾病」[12]というものである．2015（平成27）年には「難病
の患者に対する医療等に関する法律」が施行され，この法律による難病の定
義は「発病の機構が明らかでなく，かつ，治療方法が確立していない希少な
疾病であって，当該疾病にかかることにより長期にわたり療養を必要とする
こととなるものをいう．」[13]とされている．

　難病の疾病対象については，医療技術の向上により，これまで不治とされ
ていた疾病も治療法が確立するという背景から，その追加と削除が度重なっ
て行われ，2019（令和元）年7月現在では333の疾患が対象となっている．
なお，難病患者は障害者手帳の有無にかかわらず福祉サービスを利用するこ
とが可能である．

　難病は，その症状が日によって，場合によっては毎日変化するという特徴
がある．さらに，進行性の症状においては大きな周期でよくなったり悪化し
たりするため，安定的な生活の質が確保できるよう，長期的かつ継続的に支
援を実施していくことが求められる．

6　障がい福祉施策の流れと障害者総合支援法

　1998（平成10）年，家庭や地域の中で，その人らしい自立した生活を支え
るということを目的とした「社会福祉基礎構造改革」が公表された．これを
受けて，2003（平成15）年にこれまでの障がい福祉サービスの内容を大きく
変える「支援費制度」が開始された．それまでは，措置制度として障がい者
が利用するサービスの内容を行政が決定していたが，「支援費制度」ではそ
のサービスの内容を利用者が選び，自己決定をするという契約制度へ改めら
れた．これにより利用者本位のサービス提供が実現されるとともに，その質
の向上が図られるようになった．しかし，その後サービス利用者や提供者が
急増したことを受け，財源の確保が難しくなったこと，また「支援費制度」
の対象は身体障がい者と知的障がい者に限定され，精神障がい者が含まれて

いないなど多くの課題もあった.

このような「支援費制度」の課題を改善するために, 2005 (平成 17) 年に「障害者自立支援法」が制定された. この法律では, 身体・知的・精神の障がい者施策の一元化やサービス体系の再編, 就労支援の抜本的強化, 支給決定の透明化・明確化などが図られた. さらに, 安定的に財源を確保するためサービス利用量に応じた費用の原則 1 割を自己負担とする応益負担を盛り込んだ. しかし, この応益負担は所得の上がらない重度のサービス利用者の経済状況を圧迫し, そのサービスを中止せざるを得ないといった状況を生み出すなど, 多くの問題をもたらした.

このような問題点を解決するため, 2010 (平成 22) 年には再び応能負担を原則とするなどの改正を加え, 2013 (平成 25) 年には「障害者の日常生活及び社会生活を総合的に支援するための法律」に改題し, 制度の見直しが行われた.

「障害者の日常生活及び社会生活を総合的に支援するための法律」は, 障がい者や障がい児, 難病患者が尊厳をもって日常生活や社会生活を営むことができるように, 必要な支援を総合的に実施することを定めた法律である. その第 1 条の 2 においては, 「全ての国民が, 障害の有無にかかわらず, 等しく基本的人権を享有するかけがえのない個人として尊重されること」[14] また「相互に人格と個性を尊重し合いながら共生する社会を実現すること」[15] などの基本理念が明記されている.

この法律では, いわゆる制度の谷間をなくすために障がい者の定義に新たに難病等を追加して障害福祉サービスの利用対象者に含めた. また, 障がいの重軽度の度合いで支援を決定するのではなく, 必要な支援の度合いに応じて区分がなされるように「障害支援区分」が用いられるようになった. さらに, 共同生活介護 (ケアホーム) を共同生活援助 (グループホーム) へと統合したり, 障がい者に対する理解を深めるための研修や啓発を行い, 地域住民の自発的な活動を支援するなどの規定がなされている.

なお, この法律は 2016 (平成 28) 年に「児童福祉法」の障がい児支援に

関する項目とあわせて改正され，2018（平成30）年から，①障がい者の望む地域生活の支援，②障がい児支援のニーズの多様化へのきめ細かな対応，③サービスの質の確保・向上に向けた環境整備が行われている[16]．

第3節　障がい者福祉の課題

　2016（平成28）年に「障害を理由とする差別の解消の推進に関する法律」が施行された．この法律は，障がいを理由とする差別の解消や相互に人格と個性を尊重し合いながら共生する社会の実現を目指すことを目的としており，「障害者基本法」に示された理念に基づき，障がいを理由とする差別等の権利侵害行為の禁止や社会的障壁の除去を進めるための合理的配慮などの基本方針が定められている．

　この目的を達成するためにはノーマライゼーションの理念が必要不可欠である．厚生労働省が提唱しているノーマライゼーションとは，「障害のある人もない人も，互いに支え合い，地域で生き生きと明るく豊かに暮らしていける社会を目指す」[17]ということであり，障がい者が等しく人権を享受し行使できるよう，地域社会が責任をもって行動していかなければならない．

　一方で，未だに障がい者を社会的弱者と捉え，施設内での虐待や人権を無視した事件が発生しているのも事実である．今後は，一人ひとりが障がいについて興味関心を持ち，地域社会にとってかけがえのない存在であることを認識すること，また障がいは身近な存在であるという視点に立ち，合理的配慮が当たり前に行われるような社会を創っていかなければならない．

注
1）小澤温編『よくわかる障害者福祉（第6版）』ミネルヴァ書房，2017年，p.31
2）障害者基本法，第2条の1，1970年
3）内閣府『平成30年度版　障害者白書』勝美印刷，2018年，p.235-236
4）日本障害者雇用促進協会障害者職業総合センター研究部門「資料シリーズNo4　障害者雇用関連統計集」，1992年，p.95

5）3）に同じ
6）精神保健及び精神障害者福祉に関する法律，第 5 条，1950 年
7）2）に同じ
8）1）に同じ，p.41
9）発達障害者支援法，第 2 条，2004 年
10）厚生労働省社会・援護局障害保健福祉部 企画課「平成 28 年 生活のしづら さなどに関する調査（全国在宅障害児・者等実態調査）結果の概要」，2018 年， p.5
11）厚生省「難病対策要綱」，1972 年
12）11）に同じ
13）難病の患者に対する医療等に関する法律，第 1 条，2015 年
14）障害者の日常生活及び社会生活を総合的に支援するための法律，第 1 条の 2, 2005 年
15）14）に同じ
16）厚生労働省，障害者福祉「障害者の自立と社会参加を目指して」（https:// www.mhlw.go.jp/bunya/shougaihoken/idea01/index.html）
17）柏倉秀克『これ一冊でわかる 障害者総合支援法のすべて』ナツメ社，2017 年，pp.198-201

参考文献
井村圭壯・今井慶宗編著『社会福祉の基本体系（第 5 版）』勁草書房，2017 年
大久保秀子『新・社会福祉とは何か（第 3 版）』中央法規出版，2018 年

第9章　生活保護

第1節　生活保護とは

1　目的

　生活保護制度は，「日本国憲法」第25条に規定する生存権の保障を実現するための制度であり，「生活保護法」において，「国が生活に困窮するすべての国民に対し，その困窮の程度に応じ，必要な保護を行い，その最低限度の生活を保障するとともに，その自立を助長することを目的とする」と規定されている．

2　基本原理

　「生活保護法」は，基本原理として①国家責任による最低生活保障の原理，②無差別平等の原理，③最低生活保障の原理，④補足性の原理の四つを掲げている．

（1）　国家責任による最低生活保障の原理

　この原理は，生活保護制度における最も根本的な原理である．「日本国憲法」第25条に規定する理念に基づき，国が生活に困窮するすべての国民に対し，その困窮の程度に応じ，必要な保護を行い，その最低限度の生活を保障するとともに，その自立の助長を図ることを明らかにしている．

(2) 無差別平等の原理

この原理は，すべて国民は，「生活保護法」の定める要件を満たす限り，「生活保護法」による保護を，無差別平等に受けることができることを明らかにしている．

(3) 最低生活保障の原理

この原理は，「生活保護法」により保障される最低限度の生活は，健康で文化的な生活水準を維持することができるものでなければならないことを明らかにしている．

(4) 補足性の原理

この原理は，生活に困窮する者が，その利用し得る資産，能力その他あらゆるものを，その最低限度の生活の維持のために活用することを要件として保護が行われることを明らかにしている．

3 保護の原則

また，「生活保護法」は，保護の原則として，①申請保護の原則，②基準および程度の原則，③必要即応の原則，④世帯単位の原則の四つを掲げている．

(1) 申請保護の原則

保護は，要保護者，その扶養義務者，またはその他の同居の親族の申請に基づいて開始することを原則とする．一方，要保護者が急迫した状況にあるときは，保護の申請がなくても必要な保護を行うことができる．

(2) 基準および程度の原則

保護は，厚生労働大臣の定める基準により測定した要保護者の需要を基とし，そのうち，その者の金銭または物品で満たすことのできない不足分を補

う程度において行うことを原則とする．この基準は，要保護者の年齢別，性別，世帯構成別，所在地域別その他保護の種類に応じて必要な事情を考慮した最低限度の生活の需要を満たすのに十分なものであって，かつ，これをこえないものでなければならない．

（3） 必要即応の原則

保護は，要保護者の年齢別，性別，健康状態など，その個人または世帯の実際の必要の相違を考慮して，有効かつ適切に行うことを原則とする．

（4） 世帯単位の原則

保護は，世帯を単位としてその要否および程度を定めることを原則とする．ただし，世帯を単位とすることが難しいときは，個人を単位として定めることができる．

第2節　生活保護の内容

1　生活保護の種類

「生活保護法」で定める保護の種類は，生活扶助，教育扶助，住宅扶助，医療扶助，介護扶助，出産扶助，生業扶助，葬祭扶助の8種類が設けられており，それぞれに基準が定められている．要保護者の必要に応じ，これら8種類の扶助について単給または併給の形で保護が行われる．

生活扶助，教育扶助，住宅扶助，出産扶助，生業扶助，葬祭扶助は金銭給付によって行うことを原則とし，医療扶助，介護扶助は，現物給付によって行うことを原則とする．

2 各扶助の範囲・方法

(1) 生活扶助

生活扶助は，困窮のため最低限度の生活を維持することのできない者に対して行われる．扶助の範囲は，①衣食その他日常生活の需要を満たすために必要なもの，②移送である．

生活扶助は，被保護者の居宅において行うことを原則とする．ただし，居宅での保護ができない場合などや被保護者が希望したときは，救護施設，更生施設などの施設において，または私人の家庭に養護を委託して行うことができる．

(2) 教育扶助

教育扶助は，困窮のため最低限度の生活を維持することのできない者に対して行われる．扶助の範囲は，①義務教育に伴って必要な教科書その他の学用品，②義務教育に伴って必要な通学用品，③学校給食その他義務教育に伴って必要なものである．

(3) 住宅扶助

住宅扶助は，困窮のため最低限度の生活を維持することのできない者に対して行われる．扶助の範囲は，①住居，②補修その他住宅の維持のために必要なものである．

住宅扶助のうち，住居の現物給付は，宿所提供施設を利用することや宿所提供施設に委託して行う．

(4) 医療扶助

医療扶助は，困窮のため最低限度の生活を維持することのできない者に対して行われる．扶助の範囲は，①診察，②薬剤または治療材料，③医学的処置，手術およびその他の治療ならびに施術，④居宅における療養上の管理お

第2節　生活保護の内容　　　99

よびその療養に伴う世話その他の看護，⑤病院または診療所への入院および
その療養に伴う世話その他の看護，⑥移送である．

　現物給付のうち，医療の給付は，医療保護施設を利用することや医療保護
施設もしくは生活保護法指定医療機関に委託して行う．

(5)　介護扶助

　介護扶助は，困窮のため最低限度の生活を維持することのできない「介護
保険法」に規定する要介護者および要支援者等に対して支給される．

　介護扶助の範囲は，①居宅介護，②福祉用具，③住宅改修，④施設介護，
⑤介護予防，⑥介護予防福祉用具，⑦介護予防住宅改修，⑧介護予防・日常
生活支援，⑨移送である．

　現物給付のうち，居宅介護，福祉用具の給付，施設介護，介護予防，介護
予防福祉用具および介護予防・日常生活支援の給付は，生活保護法指定介護
機関にこれを委託して行う．

(6)　出産扶助

　出産扶助は，困窮のため最低限度の生活を維持することのできない者に対
して行われる．

　扶助の範囲は，①分べんの介助，②分べん前および分べん後の処置，③脱
脂綿，ガーゼその他の衛生材料である．

(7)　生業扶助

　生業扶助は，困窮のため最低限度の生活を維持することのできない者，ま
たはそのおそれのある者に対して行われる．ただし，その者の収入を増加さ
せ，またはその自立を助長することのできる見込のある場合に限られる．

　扶助の範囲は，①生業に必要な資金，器具または資料，②生業に必要な技
能の修得，③就労のために必要なものである．

　現物給付のうち，就労のために必要な施設の供用および生業に必要な技能

の授与は，授産施設もしくは訓練を目的とするその他の施設を利用すること
やこれらの施設に委託して行う．

（8）　葬祭扶助

　葬祭扶助は，困窮のため最低限度の生活を維持することのできない者に対
して行われる．また，被保護者が死亡し，その者の葬祭を行う扶養義務者が
ない場合や死者の葬祭を行う扶養義務者がない場合で，その遺留した金品で
葬祭に必要な費用を満たすことのできない場合に適用される．

　扶助の範囲は，①検案，②死体の運搬，③火葬または埋葬，④納骨その他
葬祭のために必要なものである．

3　保護施設

　「生活保護法」に基づく保護施設は，居宅において保護を行うことが困難
な者を入所させて保護を行う施設であり，次の5種類の施設が設置されてい
る．

　なお，保護施設は，事業の公共性から都道府県，市町村，独立行政法人の
ほか，社会福祉法人および日本赤十字社でなければ設置することができない．

（1）　救護施設

　救護施設は，身体上または精神上著しい障がいがあるために日常生活を営
むことが困難な要保護者を入所させて，生活扶助を行うことを目的とする．

（2）　更生施設

　更生施設は，身体上または精神上の理由により養護および生活指導を必要
とする要保護者を入所させて，生活扶助を行うことを目的とする．

（3）　医療保護施設

　医療保護施設は，医療を必要とする要保護者に対して，医療の給付を行う

ことを目的とする．

（4） 授産施設

授産施設は，身体上もしくは精神上の理由，または世帯の事情により就業能力の限られている要保護者に対して，就労または技能の修得のために必要な機会および便宜を与えて，その自立を助長することを目的とする．

（5） 宿所提供施設

宿所提供施設は，住居のない要保護者の世帯に対して，住宅扶助を行うことを目的とする．

4 保護の実施機関

保護の実施機関について，「生活保護法」において，都道府県知事，市長および「社会福祉法」に規定する福祉に関する事務所（福祉事務所）を管理する町村長は，①その管理に属する福祉事務所の所管区域内に居住地を有する要保護者，②居住地がないか，または明らかでない要保護者であって，その管理に属する福祉事務所の所管区域内に現在地を有するものに対して，「生活保護法」の定めるところにより，保護を決定し，かつ，実施しなければならないと規定されている．この規定によれば，都道府県知事，市長および「社会福祉法」に規定する福祉事務所を管理する町村長が保護を決定し実施する権限を有するが，実際には，社会福祉行政の第一線の現業機関である福祉事務所の長に委任されている．

また，「生活保護法」において，福祉事務所に置かれる社会福祉主事は，「生活保護法」の施行について，都道府県知事または市町村長の事務の執行を補助する補助機関とされ，民生委員は，「生活保護法」の施行について，市町村長，福祉事務所長または社会福祉主事の事務の執行に協力する協力機関と位置づけられている．

5　就労自立の支援・進学準備給付金

「生活保護法」において，被保護者の就労による自立の促進のための制度として，就労自立給付金および被保護者就労支援事業が規定されている．また，生活保護世帯の子どもの大学等への進学の支援を図ることを目的とする進学準備給付金が規定されている．

6　被保護者の権利および義務

生活保護制度は，国が生活に困窮するすべての国民に対し，その最低限度の生活を保障するものであり，被保護者には，特別の権利が与えられている．一方，生活保護制度は税を財源とする制度であることから，義務も課せられている．

（1）　被保護者の権利
1）　不利益変更の禁止
被保護者は，正当な理由がなければ，すでに決定された保護を，不利益に変更されることがない．
2）　公課禁止
被保護者は，保護金品および進学準備給付金を標準として，租税その他の公課を課せられることがない．
3）　差押禁止
被保護者は，すでに給与を受けた保護金品および進学準備給付金，またはこれらを受ける権利を差し押さえられることがない．

（2）　被保護者の義務
1）　譲渡禁止
保護または就労自立給付金もしくは進学準備給付金の支給を受ける権利は，譲り渡すことができない．

2） 生活上の義務

被保護者は，常に，能力に応じて勤労に励み，自ら，健康の保持および増進に努め，収入，支出その他生計の状況を適切に把握するとともに支出の節約を図り，その他生活の維持および向上に努めなければならない．

3） 届出の義務

被保護者は，収入，支出その他生計の状況について変動があったとき，または居住地もしくは世帯の構成に異動があったときは，すみやかに，保護の実施機関または福祉事務所長にその旨を届け出なければならない．

4） 指示等に従う義務

被保護者は，保護の実施機関が被保護者を救護施設，更生施設などの施設において，または私人の家庭に養護を委託して保護を行うことを決定したとき，または必要な指導または指示をしたときは，これに従わなければならない．

7　費用の返還と徴収

次のような場合には，保護費の返還と徴収が行われる．

（1）　費用返還

被保護者が，急迫の場合などにおいて資力があるにもかかわらず，保護を受けた場合は，すみやかに，その受けた保護金品に相当する金額の範囲内において保護の実施機関の定める額を返還しなければならない．

（2）　費用等の徴収

被保護者に対して「民法」の規定により扶養の義務を履行しなければならない者があるときは，その義務の範囲内において，その者はその費用の全部または一部を徴収されることがある．

また，不実の申請その他不正な手段により保護を受けた場合などは，その費用の額の全部または一部を徴収されるほか，その徴収額の40％の額以下

の金額を徴収される.

8 不服申立て

生活保護制度は,「日本国憲法」第25条に規定する生存権の保障を実現するための制度であり,生活保護を受けることは国民の権利である.正当な理由がなく保護を受けることができない場合などには,都道府県知事に対して審査請求をすることができる.また,審査請求に対する都道府県知事の裁決に不服がある場合には,厚生労働大臣に対して再審査請求をすることができる.

9 費用

生活保護に関する費用は,国と都道府県,市および福祉事務所を設置している町村が負担する.具体的にみると,保護費は,国が4分の3を負担し,都道府県,市および福祉事務所を設置している町村が4分の1を負担している.

生活保護制度は,「日本国憲法」第25条に規定する生存権の保障を実現するための制度であり,国が生活に困窮するすべての国民に対し,その困窮の程度に応じ,必要な保護を行い,その最低限度の生活を保障するとともに,その自立を助長することを目的とするものである.よって,財政的にも国が高率の負担をしている.

第3節 生活保護の課題

1 被保護者の増加

被保護者数は,2015(平成27)年3月に217万人を超え,過去最高を記録して以降減少に転じ,2018(平成30)年4月には約210万人となりピーク時から約7万人減少しているものの,依然として高い数値である.被保護世帯

についてみると，高齢者世帯が増加している一方，失業などにより生活保護に至る世帯を含む「その他の世帯」の増加が著しく，稼働年齢層における受給者の増加が指摘される．

「生活保護法」の改正により，被保護者の就労による自立の促進のための各種事業が実施されている．これらの事業を通じて稼働能力のある被保護者の就労自立を着実に進めていくことが必要である．また，「生活困窮者自立支援法」における各種事業との連携を進め，生活保護に至る前の段階での自立支援を図ることも求められる．

2 医療扶助の適正化・健康管理支援

生活保護費の総額について，扶助の種類別の割合をみると，医療扶助費が約半分を占める状態が続いており，今後もこの傾向は続くものと見込まれる．

「生活保護法」の改正により，医療扶助における後発医薬品の使用促進が法律上明記された．まずは，生活保護受給者への丁寧な説明が求められるが，これによって，医療扶助費の抑制が期待される．

また，「生活保護法」の改正により，被保護者健康管理支援事業が創設され，2021（令和 3）年から実施される．生活保護受給者は，健康上の課題を多く抱えるにもかかわらず，健康に向けた諸活動が低調な状況にあると指摘される．この事業は，生活習慣病の発症予防や重症化予防等を推進するものであり，受給者の健康の保持・増進につながると同時に，医療扶助費の抑制にもつながるものと期待されることから，着実に進めていく必要がある．

参考文献
井村圭壯・今井慶宗編著『社会福祉の形成と展開』勁草書房，2019 年
笠木映里・嵩さやか・中野妙子・渡邊絹子『社会保障法』有斐閣，2018 年
厚生労働統計協会編『国民の福祉と介護の動向 2018／2019』厚生労働統計協会，2018 年
社会福祉の動向編集委員会編『社会福祉の動向 2019』中央法規出版，2019 年
生活保護制度研究会編『生活保護の手引き 平成 30 年度版』第一法規，2018 年
橋本好一・宮田徹編『保育と社会福祉』みらい，2019 年

第10章　地域福祉

第1節　地域福祉とは

1　地域福祉の必要性

　今日の社会的背景として，世帯規模の縮小化，価値観やライフスタイルの多様化・変貌，中間層の減少化・衰退化が拡大してきている．地域における人間関係の変化や希薄化に伴って，住民相互による関心や理解が低下し，社会的孤立・排除の問題も深刻化している．社会的孤立・排除は，支援を必要としている人の発見と対応の遅れをもたらし，そのことで生活困窮のような大きな問題につながっている．

　また，人口減少や少子高齢化が著しく進行している地域では，地域経済が衰えてしまい，移動手段も少なくなり，商店街が閉鎖し，地域の担い手不足なども生じている．つまり，従前と同じような地域づくりに関する施策を展開するだけでは立ち行かない．このままでは，そこに暮らす地域住民の生活は成り立たなくなるかもしれない．

　こうした状況の中，これまでの公的な制度によるサービスでは対応が難しい〝制度の狭間〟の問題が目立つようになってきた．たとえば，ゴミ出しや買い物，あるいはちょっとしたことが気軽に頼めず，普通の暮らしができない一人暮らし高齢者が多くなってきた．また，孤立死，虐待，消費者被害などの深刻な問題も起きている．複合的課題を抱えた世帯への対応も重要となっており，現実に即した地域での対応が必要となっている．

2　地域福祉の本質

2000（平成12）年に成立した「社会福祉法」では，地域福祉をその第1条で「地域における社会福祉」と定義した．地域福祉という用語が法律で初めて用いられたのである．しかし，抽象的でわかりにくい．

地域福祉と聞いて何を思い浮かべるだろう．ボランティア？　赤い羽根？　挨拶運動？　宅食サービス？　ソーシャルワーカー？　ヘルパーさん？　生き生き百歳体操？

どれも正解である．地域福祉は多様な解釈が可能であるが，それぞれの地域によって姿・形は異なる．その地域に相応しいものならば異なって当然であろう．ただし，大事なのは，何がないと，本来の地域福祉ではなくなってしまうのか，それを見誤らないことである．

「○○なき地域福祉」．

「○○」に相応しい言葉を入れてみよう．"地域福祉の本質"なるものが見いだせるかもしれない．たとえば「家族」もそうだし，「人間関係」もその一つであろう．地域福祉の学問の大先達である岡村重夫は，①コミュニティケア，②地域組織化，③予防的社会福祉，の3点を挙げた[1]．やはり，いずれを欠いてしまっても"地域福祉"にならない．

さて，2017（平成29）年に大きな改正があった「社会福祉法」であるが，その第4条の「地域福祉の推進」では，「福祉サービスを必要とする地域住民が地域社会を構成する一員として日常生活」が営めるように，また「社会，経済，文化その他あらゆる分野の活動に参加する機会」が"確保"されるようにといった目的が明言されている．一方，同法は地域の実情にあった「包括的な支援体制」を整備することを市町村の新たな努力義務とした．他方，2003（平成15）年4月から法施行している地域福祉計画も，従来の策定できる規定から今回の改正では努力義務規定となり，「市町村地域福祉計画」として公表されるべき内容も拡大した．都道府県も同様である．

第2節　地域福祉の内容

1　地域福祉の概要

　地域福祉は何のためにあるかといえば，それは児童，障がい，高齢，生活困窮，その他のさまざまな事情からサービスを必要とするようになっても，これまで築いてきた家族，友人，知人との関係を維持するためといえる．しかも，健康や文化，スポーツ，芸術，趣味といった社会的な活動に参加もでき，誰であろうと自分らしく，プライドをもって，そこに暮らす仲間として当たり前の生活を送れるようになるためである．

　ここに確認できるのは，地域生活課題を抱える人に対してのノーマライゼーションであるとか，社会的包摂（ソーシャルインクルージョン），あるいは一つのものを皆のものとするパーティシペーション（参加，住民参加）などの理念と内容が含まれることである．

　このような地域福祉を進めるには，いざというときに安心できる施設の拡大・形成や在宅での暮らしを支援するいろいろな福祉サービスの拡大・形成が欠かせない．それに加え，地域の人々の結びつきを深めるために助け合いや交流活動を盛んにすることも重要である．さらには道路，公園，商店街などを誰であろうと利用しやすいものとすることが，とても大切となる．

　そこに用いられる推進方法には，広報啓発，政策立案や財源確保，福祉教育などを踏まえて，訪問支援としてのアウトリーチ，人と人とのつながりづくりであるネットワーキング，社会資源の活用，評価が含まれる．

　地域福祉の実現には，一部の福祉関係の専門機関だけでなく，ボランティア活動やまちづくりに取り組む市民の人々，保健・医療，住宅，教育，建設，商工業に携わるさまざまな専門家，団体の人々など，多くの人財の協力が必要である．

　つまり，どこかの誰かがたった一人で進めるのではなく，誰かと問題を共

110　　　　　　　　　第 10 章　地域福祉

実践—何のために何をするのか

0) 前提
　人名・学説・動向・報告・発展過程など知識獲得

1) 理念　　　　　　　**2) 内容**
　人権尊重　　　　　　　　広報啓発
　権利擁護　　　　　　　　情報提供
　自立支援　　　　　　　　サービスの提供
　地域生活支援　　　　　　政策立案
　地域移行／脱施設化　　　財源確保
　ノーマライゼーション　　地域福祉計画
　社会的包摂　　　　　　　住民参加
　エンパワメント　　　　　福祉教育
　QOL　　　　　　　　　　多機関協働・多職種連携
　その他　　　　　　　　　その他

3) 推進方法
　アウトリーチ
　ネットワーキング
　地域における社会資源の活用・調整・開発
　地域における福祉ニーズの把握
　地域包括ケアシステムの構築
　地域における福祉サービスの評価

対象—どのような人に対して

1) 当事者
　児童
　障がい者
　高齢者
　生活困窮者
　ひとり親家庭
2) 家族
3) 地域住民
4) その他
　ひきこもり
　ニート（若年無業者）
　ワーキングプア（働く貧困層）
　ネットカフェ難民
　災害被災者・避難行動要支援者
　ゴミ屋敷住人
　交通難民・買い物難民
　路上生活者・ホームレス
　外国人
　難病をもつ人
　LGBT
　社会的孤立者
　その他の地域生活課題を抱える人

主体—どこの誰が誰と一緒に

1) 組織・団体
　国（厚生労働省、国土交通省、その他）
　地方自治体（都道府県、市町村）
　福祉事務所
　児童相談所
　社会福祉法人
　特定非営利活動法人（NPO 法人）
　社会福祉協議会
　ボランティアセンター
　災害ボランティアセンター
　共同募金会
　地域包括支援センター
　基幹相談支援センター
　自治会・町内会
　ボランティア組織・NPO 団体
　企業
　消費生活協同組合・農業協同組合
　日本赤十字社
　住民参加型在宅福祉サービス団体
　ガールスカウト・ボーイスカウト
　その他

2) 担い手
　社会福祉士・介護福祉士・精神保健福祉士・保育士
　看護師・保健師・助産師
　理学療法士・作業療法士・言語聴覚士
　管理栄養士・栄養士
　民生委員・児童委員・主任児童委員・保護司
　企画指導員・福祉活動指導員・福祉活動専門員
　コミュニティソーシャルワーカー
　地域福祉コーディネーター
　認知症サポーター
　認知症ケア専門士
　認知症地域支援推進員
　ボランティアコーディネーター
　ボランティア
　日常生活自立支援事業専門員・生活支援員
　介護支援専門員
　ゲートキーパー
　生活支援コーディネーター（地域支え合い推進員）
　生活支援相談員
　市民後見人
　その他

（出所：筆者作成）

図 10−1　地域福祉の内容—主体・対象・実践

有し，一緒に束になって動いていくことが望ましい．そのような協働役割を地域福祉は求める．

　地域福祉は，どこの誰が誰と一緒に，どのような人に対して，何のために何をするのか模式化してみた（図10-1）．地域福祉が揃えていなくてはならないものは，従来ならば，社会福祉協議会，民生委員・児童委員，共同募金の3点セットであったと言われている[2]．しかし，おおよそそれだけにはとどまらないことは明らかである．ここでは，前述した3点に加えて，地域包括ケアと認知症サポーターにも着目することにしたい．

2　地域福祉と社会福祉協議会活動

（1）　社会福祉協議会の目指すもの

　社会福祉協議会基本要項（1962（昭和37）年）の「住民主体の原則」を受け継いだ新・社会福祉協議会基本要項（1992（平成4）年）では，「住民主体の理念に基づき，地域の福祉課題の解決に取り組み，誰もが安心して暮らすことのできる地域福祉の実現」を目指す団体とある．また，「社会福祉法」では，その目的を「地域福祉の推進を図ること」としている．

　社会福祉協議会，略して社協は一言で説明するのが難しい組織である．それは事業の種類が幅広く，参加する組織が多様なこと，さらには社協によって違いも大きいためである．しかし，社協の目指すものは必ずしも複雑ではなく，各社協間で共通のものと考えられる．

　社協は，地域福祉の推進をその基本としている．すなわち，福祉サービスのあり方として，ニーズのある人ができるだけ，地域社会との関係が断たれずに生活できること，それを公的な制度・サービスだけでなく，隣人・友人が支えることが大切であるという考え方に立って事業を展開してきている．

（2）　社会福祉協議会の組織

　社会福祉協議会は，広く，地域で社会福祉に携わる個人・団体の参加を得て活動している．その柱の一つは住民，もう一つは社会福祉を目的とする事

業関係者である.

　社会福祉は特別な人々のためのものではなく，すべての住民にかかわる普遍的なテーマとなっている．住民を地域における社会福祉の関係者と位置づけ，広く住民に参加を求めることが，社協にとって重要なこととなっている.

　一方，社会福祉を目的とする事業の関係者が社協に参加するのは，同業者組織に集まるという意味ではない．それは協働して，地域福祉を推進するためと位置づけられる.

（3）　社会福祉協議会の事業活動

　社会福祉協議会の事業は極めて幅広くいろいろな事業が行える．実際の社会福祉協議会の活動は相当なバリエーションがあるが，次のように4部門に分けることができる.

　1）法人運営部門

　　事業全体の管理，総合的・計画的な事業執行を行うための組織管理

　2）地域福祉活動推進部門

　　住民参加による地域福祉の推進，福祉のまちづくり推進，ボランティア活動・市民活動推進，広報啓発活動の推進

　3）福祉サービス利用支援部門

　　地域の福祉サービス利用者支援（日常生活自立支援事業）

　4）在宅福祉サービス部門

　　介護保険制度，「障害者総合支援法」，その他の在宅福祉サービスの実施（制度，自主）

　法人運営部門は，事業全体の管理，組織管理を行う部門で，社協全体を支えるものとなる．その上で，地域福祉活動推進部門という，もっとも社協らしさのある事業をベースに置きつつ，福祉サービス利用支援部門，在宅福祉サービス部門で各事業活動を図っている.

(4) 社会福祉協議会の法的位置づけ

社会福祉協議会は民間団体として「社会福祉法」に根拠をもつ（市町村社協，政令指定都市の区社協，都道府県社協および全国社協）．法第 109 条では，市町村社会福祉協議会は，次に掲げる事業を行う「地域福祉の推進を図ることを目的とする団体」と規定されている．

① 社会福祉を目的とする事業の企画及び実施
② 社会福祉に関する活動への住民の参加のための援助
③ 社会福祉を目的とする事業に関する調査，普及，宣伝，連絡，調整及び助成
④ ①～③に掲げる事業のほか，社会福祉を目的とする事業の健全な発達を図るために必要な事業

法第 110 条では，都道府県社会福祉協議会は，次に掲げる事業を行う「地域福祉の推進を図ることを目的とする団体」であることが規定されている．

① 第 109 条第 1 項各号に掲げる事業であつて各市町村を通ずる広域的な見地から行うことが適切なもの
② 社会福祉を目的とする事業に従事する者の養成及び研修
③ 社会福祉を目的とする事業の経営に関する指導及び助言
④ 市町村社会福祉協議会の相互の連絡及び事業の調整

このように社協は「社会福祉法」によってその社会的意義が公認されていることが確認できる．また，条文を見る限り，社協の行う事業は非常に自由度が高いといえる．

(5) 全国的な社会福祉協議会ネットワーク

社会福祉協議会は，すべての市町村，政令指定都市の区，都道府県，そして全国の段階に組織されている．法に規定こそないが，郡社協が組織されている県もある．

各々の社協は，独立組織で，主従の関係ではない．むしろ反対に，市町村社協が都道府県社協を構成し（区社協が政令指定都市社協を構成し），都道府

県社協が全社協を構成するという組織形態になっている．

　各々の社協は，その構成メンバーがその事業を決める．無論，当該自治体との関係で決まることもあるが，同時に共通の目標を持つ社協のネットワークは間違いなく地域福祉を牽引していると言って過言ではない．

3　地域福祉と民生委員・児童委員活動

(1)　民生委員・児童委員とは

　私たちが住んでいる地域には民生委員・児童委員と呼ばれる人がいる．彼らは地域福祉をサポートする身近な相談相手である．

　民生委員は，「民生委員法」に基づいて厚生労働大臣から委嘱された非常勤の地方公務員である．社会福祉の増進のために，地域住民の立場から生活や福祉全般に関する相談・援助活動を行っており，その前身が1917（大正17）年に創設された歴史を持つ．また，すべての民生委員は「児童福祉法」によって「児童委員」も兼ねており，妊娠中の心配ごとや子育ての不安に関するさまざまな相談や支援を行っている．

　核家族化が進み，地域社会のつながりが薄くなっている今日，子育てや介護の悩みを抱える人や，障がいのある方，高齢者などが孤立し，必要な支援を受けられないケースがある．そこに民生委員・児童委員が地域住民の身近な相談相手となって，支援を必要とする住民と行政や専門機関をつなぐパイプ役を務めている．

(2)　民生委員の身分

　当該地域の実情をよく知り，福祉活動やボランティア活動などに理解と熱意があるなどの要件を満たす住民が，民生委員・児童委員に選ばれる対象となる．委嘱を受けた民生委員・児童委員の身分や条件は以下のとおりである．

1) 身分

特別職の地方公務員（非常勤）

2）報酬

ボランティアとして活動するため給与はなし．ただし，必要な交通費・通信費・研修参加費などの活動費（定額）は支給．

3）任期

3年．再任も可能．

また，民生委員・児童委員の活動は個人のプライバシーに立ち入ることもあるため，活動上知り得た情報について守秘義務が課せられている（退任後も含む）．2017（平成29）年3月末現在，全国で約23万人の民生委員・児童委員が活動している．

4　地域福祉と赤い羽根共同募金活動

（1）　共同募金とは

赤い羽根をシンボルとする共同募金のことを知っている人は多い．この募金は戦後，民間の社会福祉施設などに対する財政補填のために行われていた民間の募金活動を制度化したものである．しかし，今日では各都道府県に設立された共同募金会が実施主体となり，社会福祉を目的とするさまざまな事業活動に幅広く配分されるようになった．

「社会福祉法」では，共同募金を第112条で「都道府県の区域を単位として，毎年1回，厚生労働大臣の定める期間内に限ってあまねく行う寄附金の募集であって，その区域内における地域福祉の推進を図るため，その寄附金をその区域内において社会福祉事業，更生保護事業その他の社会福祉を目的とする事業を経営する者（国及び地方公共団体を除く．中略）に配分することを目的とするものをいう．」と規定している．

（2）　共同募金のしくみ

共同募金運動は，都道府県を単位にして行われるが，各都道府県内で共同募金として寄せられた寄附金は，同じ都道府県内で，児童，障がい者，高齢者などを支援するさまざまな福祉活動や，災害時支援に役立てられている．

共同募金運動の期間は 10 月 1 日から翌年 3 月 31 日までの 6 か月間で，全国一斉に行われる．募金総額は 1995（平成 7）年度の約 266 億円をピークに 2018（平成 30）年度は約 176 億円と減少している（中央共同募金会年次報告）．

共同募金は，地域の福祉団体等からの助成の申請をもとに助成計画を立案し，その計画に基づき，助成事業に必要とされる目標額を毎年定めている．つまり，地域ごとに課題解決に必要な使いみちの額を事前に定めてから，寄付を募る「計画募金」である．

募金による助成には，市区町村での活動を応援する地域助成と，市区町村を越えた広域での活動や先駆的な活動を応援する広域助成がある．全国的な統計では，地域助成と広域助成の一部を合わせて，集まった募金の約 7 割が募金の寄せられた地域で使われている．残りの 3 割は市区町村を越えた広域での活動や災害時の備えのためなどに使われている．

5 地域福祉と地域包括ケアシステム

(1) 地域包括ケアシステムとは

地域包括ケアシステムとは，要介護状態となっても，住み慣れた地域で自分らしい生活を最期まで続けることができるよう地域の中で助け合う体制のことである．地域包括ケアシステムは，それぞれの地域の実情に合致した医療・介護・予防・住まい・生活支援が一体的に提供される体制を目指している．住み慣れた地域で自分らしく最期まで生活を続けるには，介護保険制度の枠内だけで完結することはできない．少なくとも介護保険制度と医療保険制度の両分野が一体化してはじめて高齢者を地域で支えられるようになる．

地域包括ケアシステムは，2025（令和 7）年を目途に，地域の自主性や主体性に基づき，地域の特性に応じて構築していくことが目標である．その単位としては，おおむね 30 分以内に必要なサービスが提供される日常生活圏域（具体的には中学校区）が想定されている．

国は，医療と介護を病院や施設等で行うものから在宅で行うもの，つまり住み慣れた地域の中で最期まで自分らしい生活ができるようにと，地域包括

ケアシステムの構築を推進している.

(2) 地域包括ケアシステムの姿

地域包括ケアシステムは,「住まい」「医療」「介護」「予防」「生活支援」を一体的に提供するものである.

1) 住まい

地域包括ケアシステムの「住まい」とは自宅やサービス付き高齢者向け住宅等を指す.

2) 医療

医療は,急性期病院,亜急性期・回復期リハビリ病院の他,かかりつけ医や地域の連携病院を指す.病気になった際の入院などを急性期病院等が担い,日常の医療をかかりつけ医や地域の連携病院が担うという想定になっている.

3) 介護

介護は,在宅系サービスと施設・居住系サービスに大別される.在宅系サービスでは訪問介護,訪問看護,訪問入浴介護,通所介護,通所リハビリテーション,小規模多機能型居宅介護,短期入所生活介護,24時間対応の訪問サービス,看護小規模多機能型居宅介護(複合型サービス)等を指し,施設・居住系サービスは介護老人福祉施設,介護老人保健施設,介護医療院,認知症対応型共同生活介護,特定施設入居者生活介護等を指す.介護が必要となったときに,自宅からの通所あるいは施設へ入所して介護を受けられるような体制を整える.

4) 介護予防・生活支援

介護予防・生活支援は,老人会,自治体,ボランティア,NPO法人等が主体となって,カフェやサロンの開催,配食および見守り,安否確認,食材配達等を行う.いつまでも元気に暮らすための仕組みづくりである.また,介護予防サービスを積極的に活用し,要支援1あるいは要支援2の人も自宅で暮らしていけるような体制が整えられる.

6　地域福祉と認知症サポーター

(1)　認知症サポーターとは

　認知症に対する正しい知識と理解を持ち，地域で認知症の人やその家族に対してできる範囲で手助けする「認知症サポーター養成講座」を受講すると「認知症サポーター」になることができる．厚生労働省は，2005（平成17）年から「認知症を知り地域をつくるキャンペーン」を，認知症サポーターキャラバンと名付け，認知症サポーターの養成を行ってきた．受講時間は90分間で，全国で養成されている．認知症サポーター数は，2019（令和元）年6月30日現在，1,164万3,724人である．2018（平成30）年3月末に1,000万人を突破した．

　認知症サポーター養成講座は，地域住民，金融機関やスーパーマーケットの従業員，小・中・高等学校の児童・生徒，短大・大学生などさまざまな人が受講している．認知症サポーターとなった人たちの中には，見守りや傾聴を行ったり，オレンジカフェを企画・参加するなど，地域の特性やニーズに応じた活動をしている．

(2)　認知症サポーターに求められる役割

　近所に気になる人がいればさりげなく見守り，認知症になってもつきあいを続けていく，認知症の人と暮らす家族の話し相手になることも，認知症の基本を学んだサポーターならではこその活動である．そうした認知症サポーターに期待されることは次のとおりである．

① 認知症に対して正しく理解し，偏見をもたない．
② 認知症の人や家族に対して温かい目で見守る．
③ 近隣の認知症の人や家族に対して，自分なりにできる簡単なことから実践する．
④ 地域でできることを探し，相互扶助・協力・連携，ネットワークをつくる．
⑤ まちづくりを担う地域のリーダーとして活躍する．

これまで，学校でサポーター養成講座を受講した小中学生が，認知症の人が道に迷って困っているかもしれないと思う場面に遭遇したときに家族など大人に伝え，行方不明になるのを未然に防いだケースもある．また，警察や消防，金融機関，スーパーマーケット・コンビニエンスストアをはじめとする商店，交通機関など生活に密着した業種の人たちが多数，認知症サポーターとなっている．認知症が疑われる人と接する際にも，適切な対応をとることができている．また最寄りの自治体の関係機関と連携を図り，見守りや早期発見・対応に貢献している．

2019（平成31）年3月末時点のサポーター数内訳は，警察（約16万人），消防（4万人），金融機関（約70万人），スーパーマーケット・百貨店・商店等（約20万人），マンション管理（約12万人），薬局・薬剤師会（約12万人）等である．

(3) 新オレンジプランと認知症高齢者

2015（平成27）年，厚生労働省が発表した認知症施策推進総合戦略（新オレンジプラン）では，「認知症への理解を深めるための普及・啓発の推進」が打ち立てられ，その主な施策として認知症サポーターが取り上げられている．2020（令和2）年には1,200万人の認知症サポーターを養成するとの数値目標を掲げている．

高齢化に伴い認知症の人が増え続ける中，これまでのように介護施設や家族だけでは，認知症の人を支えることは困難である．一方，認知症の高齢者も，介護が必要になっても住みなれた自宅，地域で生活し続けたいという願いを抱いている．認知症は特別なものではなく，日常生活や近隣の地域に当たり前に存在している．認知症の人も，認知症ではない人たちも，ともに笑顔で元気に暮らせる地域になるための歩みが既に始まっている．

第3節　地域福祉の課題

1　地域共生社会の実現

　これからの地域福祉の最大の課題として“地域共生社会”の実現が求められるようになった．その背景には何かあるのか．わが国では，児童，障がい者，高齢者といった対象者ごとに，公的な制度によるサービスが実施され，質量ともに一定の拡大が図られてきた．

　しかし，近年では，育児と介護の両方に直面する世帯（ダブルケアの世帯），障がいを持つ子と要介護の親の世帯（8050問題の世帯）など，個人や世帯単位で複合的なニーズを抱える世帯が増えてきている．つまり，縦割りの対象者ごとに整備された公的なサービスや制度のもとでは，対応が難しいケースもみられるようになっている．

　また，日常のさまざまな場面における“つながり”がもろくなり，“社会的孤立”の問題が広く知られるようになった．軽度の認知症や障がいが疑われ，多様な問題を抱えているにもかかわらず，公的な制度によるサービスの受給要件を満たさない“制度の狭間”なども表面化している．このように制度が対象としないような身近な生活支援の必要性が高まっている．

　急速な人口減少の進行は，地域によっては，利用者数の減少を招き，専門職の確保も困難にし，対象者ごとのサービスを十分に提供することができなくなる状況も生じている．

2　地域共生社会の目指すもの

　地域共生社会では，住民一人ひとりの暮らしと生きがい，地域をともに創っていく社会を目指している．それには第1に制度・分野ごとの“縦割り”や「支え手」「受け手」という関係を超えること，第2に地域住民や地域の多様な主体が“我が事”として参画すること，第3に人と人，人と資源が世

代や分野を超えて"丸ごと"つながること，というまさに地域福祉の拡大と形成が不可欠である．

ちなみに 2017（平成 29）年 2 月 7 日，厚生労働省「我が事・丸ごと」地域共生社会実現本部は，地域共生社会の実現に向けて「当面の改革工程」をとりまとめた．その実現に向けた改革の骨格として，①地域課題の解決力の強化，②地域丸ごとのつながりの強化，③地域を基盤とする包括的支援の強化，④専門人材の機能強化・最大活用の 4 本柱が掲げられている．

具体的な方向性は，「他人事」になりがちな地域づくりを地域住民が"我が事"として主体的に取り組めるような仕組みを作っていくことであり，市町村における地域づくりの取り組み支援，公的な福祉サービスへのつなぎを含めた"丸ごと"の総合相談支援の体制整備を進めていくものとなっている．

対象者ごとに整備された「縦割り」の公的福祉サービスを，「丸ごと」に転換するために，サービスや専門職の養成課程を改革することも視野に入れている．

3 「我が事・丸ごと」の地域づくりと包括的な支援体制の形成

支援対象となるケースの拡大が意味しているものは，児童，障がい，高齢等の各々の分野での相談体制では対応が困難な，世帯の中で課題が混合しているケース，制度の狭間にあるケース，支援を必要とするにもかかわらず自分で相談を断り，地域の中で孤立もしくは排除されているケースなどがあることである．こうしたケースを確実に支援につなげられるかどうかを視野に入れておく必要がある．

また，その上に生活支援や就労支援等を一体的に行い，支援を必要としていた人自身が地域を支える側になり得るのかどうか．そのことも視野に入れておきたい．

地域福祉最大の課題である地域共生社会への拡大に向けては，既存の相談支援機関の活用と，これら多機関協働と多職種連携の体制をどこまで形成できるかが鍵となろう．

注

1) 岡村重夫『地域福祉論』光生館，1974 年／岡村重夫『地域福祉論（新装版）』光生館，2009 年

2) 日本地域福祉学会編『（社会福祉協議会創設とあゆみ）4 人の事務局長経験者の語りから』日本地域福祉学会，2012 年，pp.51-52. 松永俊文氏の発言より．

参考文献

井村圭壯・谷川和昭編著『地域福祉分析論——理論と実践を基盤として（第 2 版）』学文社，2011 年

上野谷加代子『たすけられ上手たすけ上手に生きる』全国コミュニティライフサポートセンター，2015 年

副田あけみ『多機関協働の時代——高齢者の医療・介護ニーズ，分野横断的ニーズへの支援』関東学院大学出版会，2018 年

日本社会福祉士会編『地域共生社会に向けたソーシャルワーク——社会福祉士による実践事例から』中央法規出版，2018 年

吉岡京子編著『スーパーバイズでお悩み解決！——地域における支援困難事例 15』医学書院，2016 年

第 11 章　医療福祉

第 1 節　医療福祉の考え方と変遷

1　医療福祉の考え方

　私たち人間の生活を考える際，生涯にわたり多様な希望を叶えたり自己実現を図る機会がある一方で，時としてさまざまな懸念やリスクも起こり得る．その一つが，疾病である．先進医療や予防医学などが進展してきた今日，これらの病気は一定程度予見されるようになってきているが，すべての病気をなくすということは困難である．また保健・医療体制の構築の成果もあり，日本を含めて長寿社会が進んでいるが，加齢とともにこれらの疾病にかかる可能性も高くなるといえる．

　人は病気となった際に，生物として備わっている免疫力や回復力に頼るとともに，医学的見地から医師などによる治療を受けるなど，身体的にも心理的にも疾病からの回復を進め生命の維持を図っていく．あわせて疾病からの回復や生命の維持だけではなく，病気後の日常生活や社会生活も考えていかなければならず，どのように個人の生活を支えていくことができるかについて考えていくことが必要である．これが社会福祉領域の一つとして捉えられる医療福祉の考え方である．それは，医療を必要とする患者やクライエントが，医療的な社会資源をどのように使いながら安心して医療を受けられるようにするかという支援や，治療開始後の社会生活や日常生活など中・長期的な生活も意識しながらその生活を形作っていく支援などであるといえる．あわせて，疾病からの予防という「保健」と，疾病からの回復を目指して行わ

れる治療という「医療」，疾病後の社会生活をとらえた社会生活という「福祉」の3領域を組み合わせながら調整し，人々の生活をより健康的な状態となるように支援するということであり，医療福祉を進める際に必要な視点といえる．

2 日本における医療福祉の変遷

日本では昭和30年代の高度経済成長を背景に，1961（昭和36）年に国民が何らかの医療保険に加入するという国民皆保険が成立した．国民皆保険の成立により，医療を受診することが保障された一方で，とりわけ低所得者層の高齢者の受診率が低迷であり，その理由として受診時の一部自己負担が課題であることが指摘された．このため，1973（昭和48）年に「老人福祉法」の一部改正が行われ，老人医療費について，国および地方自治体の公費を財源として，70歳以上（寝たきり等の場合は65歳以上）の医療費の自己負担分が無料化された（但し，所得制限などもあった）．

老人医療費が無料化されると，次に新たな課題を生じることとなった．代表的なものとして，治療が必要でないにもかかわらず必要以上に受診することや，高齢者の社会的入院（生活の場や介護の確保を目的として，医療面での治療が必要ない人が入院すること）であった．これにより，国の老人医療費の上昇が続き，医療保険関連の財政が深刻な状況となった．このことにより老人医療費制度の見直しが進められ，この対応として，1983（昭和58）年に老人医療費支給制度が終了することとなった．

このほか，高齢化社会の進展もあり，1970年代まで施設福祉を中心に進められてきた政策から，1980年代には在宅福祉への転換が進められた．このことから1980年代には在宅福祉サービスの充実として，地域における保健・医療・福祉の総合的な提供を進められるとともに，在宅生活に向けた相談体制やサービス供給体制の構築を図る政策が進められた．

しかしながら，高齢者人口は増加を続けていることから，高齢者施設への入所希望の過多が生じるなど，社会的入院の問題が継続していた．このこと

に対応して，1986（昭和61）年には「老人保健法」の一部改正により老人保健施設が設置され，看護や介護，機能訓練などのケアが提供されることとなった．この老人保健施設での療養費報酬について，従前の診療報酬の出来高払い（各々の医療行為に対して国が定めた医療報酬（点数）を加算していく方式）であったものから，定額払い（日または月単位であらかじめ設定される医療報酬（点数）の定額とする方式）が導入され，必要のない投薬などの医療行為が減ることとなった．

　その他にも，国は2000（平成12）年に施行の介護保険制度を導入したほか，終末期医療（ターミナルケア）のあり方の検討，療養病床のあり方の見直し，後期高齢者医療制度の導入などを進めている．

第2節　日本における医療福祉体制

1　公的医療保険

　日本では1961（昭和36）年に国民皆保険制度が導入され，国民はいずれかの公的医療保険制度に加入することが原則となっている．この公的医療保険を大別すると，職域保険（勤労者の所属する職場単位などで加入）と，国民健康保険（自営業者や年金生活者，その他が加入する）である．職域保険の場合，加入者には被保険者（職域保険の場合，雇用されている本人）と，被扶養者（被保険者に扶養されている家族など）があり，国民健康保険の場合はすべてが被保険者となっている．なお，75歳以上の高齢者の場合は，2008（平成20）年に導入された後期高齢者医療制度の被保険者とされている．

　公的医療保険にも，保険を運営する保険者があり，職域保険ではその企業が単独で健康保険組合を設立するものや，同種の企業の集合体が健康保険組合などを結成する場合がある．中小企業等の従事者が加入する全国健康保険協会（協会けんぽ），公務員や教職員が加入する共済組合などもある．国民健康保険の場合，都道府県および市町村が保険者となるものが多く，そのほか

特定の自営業者が独自に組合を組織して保険者となるものもある.

公的医療保険の保険者は,保険に加入する保険者から保険料を徴収し,保険料や他の運用益などを財源として,加入者が医療機関を受診した場合,医療機関に対して加入者が支払う一部負担金を除いた医療費を支払っている.一部負担金は定率負担となり,一般が3割,小学校就学前の児童が2割,70歳から74歳までが原則2割,75歳以上は原則1割となっている(ただし,自治体によって独自の補助を行うところがある).また,長期入院や長期の治療が必要な場合など,1か月間の医療費が限度額を超える場合,自己負担の一定金額が還付される高額療養費制度が設けられている.公的医療保険には,上記の医療給付のほか,被保険者が休職など要する場合に支給される傷病手当金,加入者の出産時に支給される出産手当金や出産育児一時金,加入者の死亡時に支給される葬祭費や埋葬料などが支給される場合がある(公的医療保険の保険者によって異なる).

2 介護保険制度

日本では社会保障制度の維持や,保健・医療・福祉サービスの総合的な利用体制を図るため,1997(平成9)年に「介護保険法」が成立,2000(平成12)年から施行された.これにより,市町村(特別区を含む)を保険者として,その区域に住所を有する65歳以上を第1号被保険者,40歳以上64歳未満の医療保険加入者を第2号被保険者として,支援や介護が必要となった対象者について,その状態に応じて介護サービスを受けられる体制が構築された.また介護保険制度では被保険者から徴収される保険料や公費を財源とした事業者等に介護報酬が給付されるが,自己負担(原則,サービス算定基準の1割負担)もある.

介護保険では介護サービス部分が支給対象となり,介護サービス以外の医療部分については公的医療保険から支給される.介護の必要性に対応して提供される医療サービスについては介護保険で支給される.具体的なサービス等の種類としては,居宅療養管理指導,訪問看護,訪問リハビリテーション,

通所リハビリテーション，短期入所療養介護があるほか，施設入所者等への口腔衛生管理加算が該当する．

第3節　今後の医療福祉の展開

　医療福祉は，医療を必要とする患者・クライエントが安心して必要な医療を受け，その後の生活を安心して送ることができるようにしていくためにも重要である．そのためには，第2節でとらえた公的医療保険や介護保険制度など，国民が安心して生活することのできる制度・政策により医療体制の構築を図ることが求められる．

　それと同時に，患者・クライエントの生活や生活課題，症状などそれぞれ異なるため，その患者・クライエントがどのような制度やサービスを利用することができるのかについて支援する必要がある．このため医療分野において福祉的な専門的見地を有する医療ソーシャルワーカーの役割が期待されている．医療ソーシャルワーカーの主な業務として，療養中の心理的・社会的問題の解決や調整援助，退院援助，社会復帰援助，受診・受療援助，経済的問題の解決や調整援助，地域活動などがある．これらの援助において，患者・クライエントの主体性を尊重し，他の医療スタッフや地域の関連機関と連携を進めながら，退院計画の作成や退院後の生活支援計画を立てることが求められている．なお，国もその重要性を鑑み，1989（平成元）年に厚生省（現：厚生労働省）が「医療ソーシャルワーカー業務指針」を策定している（2002（平成14）年に厚生労働省により改訂版が通知された）．これらの支援を通して，患者の尊厳と自己実現の支援，患者・利用者との社会的環境の調整などを行うという社会福祉の専門性が期待されている．

参考文献
日本医療社会福祉協会編『保健医療ソーシャルワークの基礎──実践力の構築』
　相川書房，2015 年
厚生労働省健康局「医療ソーシャルワーカー業務指針」2002 年

小西加保留・田中千枝子編『よくわかる医療福祉――保健医療ソーシャルワーク』ミネルヴァ書房，2010年

宮崎徳子・立石宏昭編著『保健・医療・福祉ネットワークのすすめ――ヒューマンサービスの実践（第2版）』ミネルヴァ書房，2007年

第12章　災害福祉

第1節　災害福祉とは

1　災害はどのようなときに起きるのか

　わが国は，1995（平成7）年に起きた阪神・淡路大震災，2011（平成23）年に起きた東日本大震災，また，2018（平成30）年7月に起きた西日本豪雨災害など，これまで多くの災害に見舞われている．これらの災害は，火災，津波，強風，また，河川の氾濫による浸水，地盤が緩むことによる土砂崩れなどの被害をもたらした．これらの被害をもたらしたのは，地域の生活環境における災害対策が，災害時のことを十分に考慮したものでなかったからである．西日本豪雨災害が生じたのは，河川流域の低地にある住宅を守るための堤防が十分に機能しなかったことも一因としてあるといわざるを得ない．

2　災害時における支援の対象・主体・構造

（1）　支援の対象

　支援は，被災直後における避難・救出，避難所生活，仮設住宅生活，復興住宅生活・自宅再建の状況に応じてその対象が変化してくる（表12-1参照）．

（2）　支援の主体

　被災地における支援では，市区町村行政，社会福祉協議会，地域包括支援センター，居宅介護支援事業所，社会福祉施設，県外の専門職機関・団体などの専門職が安否確認や生活において必要とすることについて把握していく

表12−1　震災時に想定される被災者ニーズの時系列変化（例示）

ニーズの大分類 \ 時期	被災直後〜1週間　救出・避難	〜半年　避難所生活	〜数年　仮設住宅生活	〜長期　復興住宅生活・自宅再建
住む・暮らす	・住居の喪失 ・水、食料、電気、通信、衣服、寝具等の喪失 ・家族の喪失（葬儀等も含む）	・生活上の諸物資の不足 ・将来生活への不安 ・集団生活の不便 ・母親喪失等による衣食機能低下・喪失	・引っ越しの負担 ・新たな生活環境の学習 ・母親喪失等による衣食機能低下・喪失 ・便乗詐欺や宗教勧誘 ・移動・交通手段の不自由 ・通院、施設利用、通学等への対処 ・行政諸手続のための頻繁な公的機関通い	・引っ越しの負担 ・新たな生活環境の学習 ・母親喪失等による衣食機能低下・喪失 ・便乗詐欺や宗教勧誘 ・移動・交通手段の不自由 ・通院、施設利用、通学等への対処 ・行政諸手続のための頻繁な公的機関通い
費やす	・財産（動産・不動産）の喪失	・衣食生活費の不足 ・動産（家等）の購入費用	・家計の再構築 ・借金返済の見通し ・金融機関との交渉や公的助成制度の探索、発見、申請 ・教育費の捻出	・家計の再構築 ・多重債務の負担 ・金融機関との交渉や公的助成制度の探索、発見、申請 ・教育費の捻出
働く	・仕事（家業・会社）の喪失	・仕事の再開・復帰 ・求職	・仕事の再開・復帰 ・求職 ・新たな仕事への順応	・仕事の再開・復帰 ・求職 ・新たな仕事への順応
育てる・学ぶ	・育児、保育困難 ・学校喪失／休校 ・遊具おもちゃの喪失	・育児、保育困難 ・学齢児の教育保障 ・転校	・学齢児の教育保障 ・転校	・学齢児の教育保障 ・転校
参加・交わる	・知人・友人との死別	・避難に伴う知人・友人との離別	・孤立・孤独・ひきこもり ・転居に伴う知人・友人との離別	・孤立・孤独・ひきこもり ・転居に伴う知人・友人との離別
体の健康	・怪我への対処 ・持病等への対処（薬や医療機器の確保） ・排泄や入浴	・介護や保育困難 ・療養者の医療保障 ・エコノミー症候群 ・支援物資の排泄入浴の配慮 ・感染症のリスク軽減	・介護等家族の孤立 ・ハイリスク者や持病者の管理	・介護等家族の孤立 ・ハイリスク者や持病者の管理
心の健康	・家族の喪失 ・ペットの喪失や離別	・プライバシー確保 ・人間関係調整 ・集団生活のストレス、他者への遠慮 ・集団生活上のルールへの服従ストレス ・PTSDやノイローゼ	・新たなコミュニティ・環境への不安・負担 ・孤独・ひきこもり ・PTSDやノイローゼ ・自殺や自殺企図 ・アルコール等への依存 ・介護等家族の孤立	・新たなコミュニティ・環境への不安・負担 ・孤独・ひきこもり ・PTSDやノイローゼ ・自殺や自殺企図 ・アルコール等への依存 ・介護等家族の孤立
その他		・避難所内での差別問題 ・被災者への差別問題	・被災者への差別問題	・被災者への差別問題

注：災害の種類や規模などによって、時期・場面の区切りやニーズは大きく変わってくる。ここにあげた例示のほかに、被災前からの生活の連続性や損に関わるあらゆるニーズに対応する必要がある。

出所：川上富雄「第1章　災害ソーシャルワークの対象」上野谷加代子監修／日本社会福祉士養成校協会編集『災害ソーシャルワーク入門　被災地の実践知から学ぶ』中央法規出版、2013年、p.25より

主体である.

(3) 支援の構造

　支援は，日ごろから災害マップづくりや避難訓練などを行うように働きかけることで災害時に備える．被災直後においては，避難・救出を支援するとともに安否確認を行う．避難所生活の段階では，生活のしづらさを把握し，必要な支援をする．仮設住宅生活では地域交流が図れるようにする．復興住宅生活・自宅再建の段階では，職場・学校復帰などの生活ができるように支援することで，地域交流をもたらすことができるようにする.

3　災害時における支援者の立場

　被災した人々に対して，支援者は，まず，生活のしづらさ，家族など近しい方々との死別，住居を失うことに対する思いを理解し，共感する必要がある．そのため，必要なときはいつでも対応することができるという姿勢が求められる．そして，日常において必要な物資の支援，住む場所の確保支援が必要である．また，地域の住民同士でネットワークを築いていき，必要なサポートをお互いにできるように働きかけることが必要である．さらに，必要に応じて，県外の支援団体との交渉を行い，被災した人々が必要な支援を受けられるようにする必要がある.

第2節　災害福祉の内容

1　発災時の対応

　発災時は，被災した人々の安否確認をするための情報収集をし，医療サービスや衣食住サービスにつないでいく．被災した人々が必要としている生活必需品を確保していく．地域の人々やボランティアと協力しながら必要な水，食料，衣類などを確保する．そして，支援が計画的になされているかどうか

を確認する．必要な支援が必要な場所に届いていない状況を把握し，他の社会資源に連絡をとり，支援を依頼する．住む場所が自宅がよいのか，避難所の方がよいのか，医療機関への入院がよいのかなどを被災した人々とともに考える．自宅での生活を求める場合は，水などの食料品の確保が可能であるのかを考え，必要な場合は物資を届けるようにする．

2　生活のしづらさの把握

　災害は，被災地域によって異なるとともに時間が経過するにつれて必要とする支援も異なってくる．被災した人々は避難所生活をしており，住み慣れた地域から離れているので，さまざまな地域の人々と集団で過ごすことになってくる．一人ひとりの生活があるので，人との関わりをせずに孤立することもある．自分の悩みなどを伝えられないという問題もある．支援者は，被災地に出向くことによって状況を把握し，生活のしづらさを把握していく必要がある．住民同士がつながることができるように，談話室や集会所などを設けて交流の場をつくっていき，それぞれの思いを把握していく必要がある．特に，子ども，障がいのある人，高齢の人などは災害弱者といわれ，支援が遅れがちである．危険に気づきにくい，環境に適応できない，ストレスによる意欲低下などにより，生活のしづらさについて伝えることが難しい．社会資源が活用できるように，彼らを支援していくことが必要である．

　また，必要に応じた対応ができるようになるためには，多職種でチームを組むことが必要である．それによって，さまざまな方面からの見立てをすることができる．必要な社会資源の連携調整をしていくことになる．災害は，被災した人々に住居・健康・経済的問題をはじめとする生活のしづらさをもたらすことになる．その時に必要な場面で必要なサービスをするために，支援者はネットワークを構築するとともにマネジメントすることが求められる．

3　権利の擁護

　支援者は，障がいのある人，高齢の人など判断能力が十分ではない人々に

第 2 節　災害福祉の内容　　　　133

対する権利を守る必要がある．彼らに対して，日常生活をとり戻せるように環境を整えていく必要がある．経済的な支援，健康的な支援，孤立予防のための支援などを行っていくことが必要である．そして，それぞれが力をつけ，地域の生活者として暮らしていくことができるように働きかけていく必要がある．地域の生活者として安全と安心を確保できるように働きかけていく必要がある．それぞれの問題に取り組むことが権利を擁護していくことになる．

4　防災に向けてのネットワークとコーディネート

東日本大震災では，障がいのある人々の死亡率が高く，避難誘導体制が十分になされていなかった．このため，各自治体で障がいのある人や高齢の人への支援計画が作成されるようになった．第 1 に，障がいのある人やその家族に対する相談窓口を設け，必要な支援を行う．第 2 に，障がいのある人の支援に携わっている機関や団体が協力し，支援体制をつくっていく．第 3 に，障がいのある人や高齢の人の参加を促し，求められる支援を行うことができるようにする．行政のみでなく，地域住民が連携協働して地域に必要な支援，住民の考え方をもとに協力体制を構築していくということである．将来において災害が生じたときに，それぞれの機関や団体がどのような支援を行うことができるのかを互いに把握しておき，必要なときに必要な支援ができるような体制をつくっていくことが求められるということである．

5　地域の組織化

地域における住民一人ひとりが防災意識を持つことができるようにするために，地域を組織化する必要がある．地域における機関や団体などが連携調整していく必要がある．災害が生じたときに，必要な社会資源をもたらすことができるように，地域のさまざまな機関や団体と関係をつくっておく必要がある．また，大規模な災害が生じた場合は，支援が長期にわたるので，ボランティアの確保も必要である．ボランティアは，地域のニーズに応じた支援を行うことが求められるので，ボランティアの養成を行うことも必要であ

る．信頼関係の構築をしていく必要もある．また，地域住民の生活の場であるので，地域の意向を尊重した支援が必要になる．地域の意向を尊重することは，地域の自立を促すことになる．支援者は，災害により，多くの社会資源を失った地域が再び復興できるように，地域で求められる支援を把握し，どのようにすることが必要であるのかを考え，他の機関や団体との連携を密にしていく必要がある．地域で情報を共有できるようにしていく必要がある．

6　資源の開発

災害が起きたときは，被災した人々が失った資源を確保することが必要である．支援者は，物資が整ったら，居住するところ，これまで必要とされてきたがまだ整えられていない資源，生活する中で必要となってきた資源などを把握する必要がある．災害は，人の命，職場，学校，施設，医療機関などの生活基盤を失わせることになる．これまであった資源を失うことになり，日常生活が機能しない状況に陥ってしまう．支援者は，地域において必要な社会資源を把握し，開発できるようにしていくことが必要といえる．

そのために，地域の人々の思いを把握するために，現地調査をしたり，アンケート調査をしたり，聞き取り調査をしたりすることが必要である．資源の開発に向けて，情報を収集して必要な支援を把握していくことが求められる．

第3節　災害福祉の課題

1　課題

(1)　自らの思いが先行した支援

災害が起こったのちに，期間を限定した状態で支援のために訪れるボランティアの中には，その期間に結果を出そうという思いが強く出てくる場合もあり，被災した人々の思いが軽視されてしまうことがある．被災した人々は，

第3節　災害福祉の課題　　135

被災地域での生活が日常生活であるので，被災した人々がそこで生活しているということを理解しておく必要がある．

(2)　思いを聞くだけの支援

被災した人々が支援を求める際には，傾聴して理解することが求められる．しかし，話を聞いたとしても聞くだけで必要な支援につなげられないという状況になると，被災した人々の不安や不信感をもたらすことになる．話をすることに対して迷ってしまうことになる．必要な場所に，必要な支援をつなぐ必要がある．

(3)　プライバシーを考えない支援

被災した人々の中には，自らの情報を他人に広めることを求めていないこともある．個人の情報は本人のものであるので，個人情報を大切にする必要がある．プライバシーを尊重することは支援の基本であり，信頼関係を築くことでもある．一人ひとりの情報を大切にすることが必要である．

(4)　計画性のない物資の支援

支援に計画性がないと，ある場所には支援物資が余るくらいに届き，別の場所では支援物資がまったく届かないという状況が生じる．支援物資は，被災地が必要としているものを確認してから送るのでなければ，必要のない物資が届いてしまい，その整理に時間がとられ，必要な支援活動ができないという状況が生じてしまう．

2　求められること

災害復興で必要なのは，地域の人と人とのつながりである．地域の中で自分の居場所をつくることが，復興への道の始まりになる．災害は，多くの人々に生活のしづらさを生じさせることになり，地域が分断されて，それぞれがこれまでとは異なった環境で生活することになる．支援者は，地域の住

民が連携協働できるように支援していくことが求められる.

本章の内容については，主として次の①②の文献に基づいて述べている.

①上野谷加代子監修／日本社会福祉士養成校協会編集『災害ソーシャルワーク入門──被災地の実践知から学ぶ』中央法規出版，2013 年
②福祉系大学経営者協議会監修／遠藤洋二・中島修・家髙将明編著『災害ソーシャルワークの可能性──学生と教師が被災地でみつけたソーシャルワークの魅力』中央法規出版，2017 年

参考文献

上野谷加代子監修／日本社会福祉士養成校協会編集『災害ソーシャルワーク入門──被災地の実践知から学ぶ』中央法規出版，2013 年

杉本敏夫監修／立花直樹・波田埜英治編『(新・はじめて学ぶ社会福祉 4) 社会福祉概論』ミネルヴァ書房，2017 年

西尾祐吾監修／立花直樹・安田誠人・波田埜英治編『保育実践を深める相談援助・相談支援』晃洋書房，2017 年

福祉系大学経営者協議会監修／遠藤洋二・中島修・家髙将明編著『災害ソーシャルワークの可能性──学生と教師が被災地でみつけたソーシャルワークの魅力』中央法規出版，2017 年

松井圭三編著『相談援助概説 (第 2 版)』ふくろう出版，2019 年

松井圭三・今井慶宗編著『社会福祉記事ワークブック』大学教育出版，2018 年

第13章 看護と社会福祉

第1節 病院完結型医療から地域完結型医療への転換

1 地域完結型医療が求められる背景

(1) 病気や障がいをもち在宅療養する人々の増加

1) 超高齢社会の到来

わが国は，他国に類をみない少子超高齢社会を迎えている．団塊の世代がすべて75歳を迎える2025（令和7）年は，高齢化率が30％に達し75歳以上の後期高齢者が急増することが予測されている．高齢になると，身体機能が低下し，日常生活に介護が必要になるため，要介護高齢者は増加している．また，後期高齢者人口の増加に伴い，日本は多死社会を迎えようとしている．1976（昭和51）年を境に病院死が在宅死を上回ったわが国は，多死社会の到来を見据えて，病院から在宅や介護老人福祉施設等の生活の場における看取りに移行し始めている．

2) 疾病構造の変化

高齢者人口の増加や生活習慣の変化により，悪性新生物，高血圧性疾患，脳血管疾患，糖尿病や虚血性心疾患といった生活習慣病などの慢性疾患患者が増加している．慢性疾患患者の医療は，病院での入院加療による治癒を目標とするのではなく，病気や障がいとともに生きることを支えていくことが重要である．

3) 医療の進歩

医療の進歩により，以前は救命されなかった人々の生命が助かるようにな

ってきた．しかし，救命されたものの病気や障がいをもったまま退院し，在宅で療養生活を送る人々も増加してきている．また，長期入院が必要であった医療的処置や手術も，近年は早期退院が可能になり，以前は入院していた期間も在宅で療養している現状である．

さらに，財政面からも増大した国民医療費を抑制するために在院日数の短縮化がすすめられている．

(2) 病気や障がいをもち在宅療養する人々を支える力の不足

病気や障がいをもちながら在宅で療養する人々や，最期の時まで在宅で生活する人々が増加する一方で，それらの人々を支える力は不足してきている．

日本の家族は1世帯当たりの平均人員が減少し，三世代世帯の減少やひとり親世帯の増加などの特徴がみられる．65歳以上の高齢者がいる世帯では，単独世帯と夫婦のみ世帯が増加している．このように日本の家族の形態が変わっていく中で，家族成員がともに支えあいケアする家族機能が十分に発揮できず，家族が介護を担うことは困難な状況になってきている．

また従来，日本では地域住民同士がともに助け合い生活を支えあっていた．しかし，近年は女性の社会進出や産業構造変化，若者の都会への移住などにより，自治会活動も困難になっている地域が少なくない．加えて，近所づきあいを好まない住民も増えており，地域で支える力が衰退してきている．

2 地域完結型医療

地域完結型医療は，従来のように病院の中で完結する医療とは異なり，地域で看取りまでを含めた療養生活を支援する医療を展開していくことである．自宅，あるいは住みなれた地域の中で自宅に代わる第二の住宅に住み替えた生活の場を拠点にして，必要な時のみ入院する「時々入院，ほぼ在宅[1]」を目指している．現在，地域医療構想のもと，病院は医療機能の分化が行われている．高度急性期病院への入院は，入院しなければ対応できない手術や治療などの時のみとし，急性期を脱すれば患者の状態によっては，自宅へ退院

するまでの間に，急性期病院，介護医療院や回復期リハビリテーション病院など経ることになるが，最終的には地域で生活することを目指している．患者が病状に合わせて適切な療養場所で必要な医療を受けられることが重要である．

　在宅で療養生活を送る場合，地域や家族間で療養者を支える力が重要であるが，前述のとおり衰退している現状がある．そのため，国は地域包括ケアシステムの構築を進めている．地域包括ケアシステムは，団塊の世代が75歳を迎える2025（令和7）年を目途に，重度な要介護状態となっても住み慣れた地域で自分らしい暮らしを人生の最期まで続けることができるよう，住まい・医療・介護・予防・生活支援が一体的に提供される[2]システムである．在宅療養では，医療優先ではなく，本人とその家族の願いや望み，生き方や価値観，生活習慣を尊重したうえで，生活機能の維持を目指しながら生きることを支えることが重要である．当然のことであるが，これは看護職だけで実施することは困難であり，多職種と連携することが必須となる．

第2節　地域完結型医療が求められる時代における看護と社会福祉の連携

　地域完結型医療が求められ，地域包括ケアシステムが推進される中で，高度急性期病院で看護を実践していても，看護職は対象者が地域で生活し続けるということを忘れてはならない時代になった．患者の退院後，どこでどのように療養していきたいのか，そのためには退院後に備えて，入院中はどのように準備したらよいのか，退院後はどのようなサービスを利用すれば患者が望む生活を送ることができるのか，ということを念頭におき看護を提供することが重要である．また近年では，外来，訪問看護ステーション，デイサービスや介護保険施設など，地域生活の中で看護を提供できる場が多くなってきた．その場合，療養者は医療を受けるために在宅療養しているのではなく，生活者であり自らの人生を歩む一人の人であることを忘れてはならない．

そのために看護職は，医療ニーズだけではなく生活上の多種多様なニーズを
とらえていく必要がある．このような生活上の多種多様なニーズをとらえる
ためには，多職種との連携が不可欠である．特に福祉職がもつ療養者の日常
生活や地域とのつながりの視点は重要である．

　連携においては，自らの専門性と他職種の専門性を理解することが重要で
ある．看護職は，療養者自身が人生を歩んでいくために，その土台である生
命を守ることを中心に，療養者の生活の中で支援しようとする．福祉職は，
日常生活・社会生活上の充足状況をとらえ，療養者をとり巻く人や制度を調
整することなどを中心に支援している．両専門職がお互いの情報を提供しあ
い，療養者を多角的に理解することによって対象者の全体像をとらえること
ができ，大きな支援とへとつながっていく．また，専門職が支援する際は，
お互いの専門性を尊重しながらも，重複して役割を担うことも必要である．

　日本は，他国に類をみない超高齢社会を進んでいる．モデルのない時代を
どのように歩んでいくのか，専門職が多職種間でしっかりと話し合い，実践
していくことが必要であるだろう．

注
1）朝日新聞，2014 年 2 月 13 日
2）厚生労働省．「地域包括ケアシステム」内の「地域包括ケアシステムの推進に
　　向けて」．
https://www.mhlw.go.jp/stf/seisakunitsuite/bunya/hukushi_kaigo/kaigo_
　　koureisha/chiiki-houkatsu/（2019 年 8 月 18 日閲覧）

参考文献
荒神裕之・坂井暢子・雑賀智也『看護の現場ですぐ役立つ　地域包括ケアのキホ
　　ン』秀和システム，2019 年
石垣和子・上野まり編『在宅看護論──自分らしい生活の継続をめざして』南江
　　堂，2017 年
牛久保美津子編著『地域完結型看護をめざした看護教育──地域包括ケア時代の
　　実習指導』，メヂカルフレンド社，2019 年
岡村重夫『社会福祉原論』全国社会福祉協議会，2003 年
臺有桂・石田千絵・山下留理子編『（在宅看護論 1）地域療養を支えるケア』MC
　　メディカ出版，2018 年

渡部裕子監修『(家族看護を基盤とした在宅看護論Ⅰ) 概論編』日本看護協会出版会, 2018 年

第 14 章　保育と社会福祉

第 1 節　保育者を目指す者が社会福祉を学ぶ意義

　「社会福祉」という言葉は，一般的には二つの意味で用いられている．一つ目は「幸せな状態をつくること」あるいは「人間らしい生活」を指す意味で用いる場合，二つ目は具体的な中身は別にして「何らかの問題を解決するための方策や技術」を指す意味で用いる場合[1]であり，前者は目的概念，後者は実体概念と呼ばれる．したがって，保護者や子どもへの支援をはじめとする方法論を検討することなどは，「実体概念」としての意味を用いていくことになる．

　「実体概念」の中身は，広義的には「低所得者への支援」や「社会政策としての福祉制度のあり方」なども含むが，一般的な学習では，専門領域ごと（各種資格ごと）に定められる一定の内容を狭義的に学習していくことになる．

　「指定保育士養成施設指定基準」（別添1）[2]によると，保育士養成課程における「社会福祉」の学習内容としては，「現代社会における社会福祉の意義と歴史的変遷」「社会福祉の制度と実施体系」「社会福祉における相談援助」「社会福祉における利用者の保護に関わる仕組み」「社会福祉の動向と課題」が挙げられているが，「社会福祉」に限った内容を独立した知識として学んでいくことを目指すものではない．同科目の「目標」に挙げられている「社会福祉における子ども家庭支援の視点」や「社会福祉における相談援助」，同「内容」に挙げられている「情報提供と第三者評価」，「利用者の権利擁護と苦情解決」，「少子高齢化社会における子育て支援」などを取り上げても，その中身はすべて保育場面において生かしていく内容であり，他の科目と関

連し合いながら理解を深めていく内容にほかならない．

このことからもわかるように，保育士を目指す者が「社会福祉」を学ぶ意義の一端は，保育に求められる「社会福祉」の基礎的な知識をもとに，場面や状況を読み解き，対応するために必要な力を身につけていくことにある．

第2節 「子どもの最善の利益」を支える社会福祉と保育

1 少子社会の現状

『国民生活白書（平成4年版）』（内閣府）では，「出生率の低下やそれに伴う家庭や社会における子供数の低下傾向」を「少子化」と定義している．

「1人の女性が生涯に産む子どもの数」といわれる合計特殊出生率は，2005（平成17）年に戦後最低の1.26となり，その後は，横ばいもしくは微増減を繰り返した．2018（平成30）年[3]の値は1.42と依然として低い水準にあり，生まれた子どもの数（出生数）は91万8,397人で過去最低を更新するなど，少子化の傾向は長期にわたって継続していることを読み取れる．

国立社会保障・人口問題研究所が2017（平成29）年に発表した「日本の将来推計人口」では，現在の少子化などの傾向が続くと長期の人口減少過程に入ることが予測されており，2065年にわが国の人口は8,808万人（中位仮定の値，以下同じ）になることや，1年間に生まれる子どもの数は約50万人程度（合計特殊出生率1.25），高齢化率は38.4％になる見通しが示されている．

このほかに，家庭や世帯の変化として，男女の未婚割合や共働き家庭（世帯）の割合のさらなる増加が見込まれていること[4]も見逃せない．

この背景には，「結婚して子どもを生み育て，家事および仕事と育児を両立すること」へのさまざまな不安などが，結果として少子化を進めてしまっている実態や，子育て（養育）への不安や金銭的課題から子どもの数を望んでも希望通りにはいかない状況を生んでいる現状が挙げられる．このように，社会からは，子どもや子育て家庭を支えていける環境の整備が強く求められ

第 2 節　「子どもの最善の利益」を支える社会福祉と保育　　145

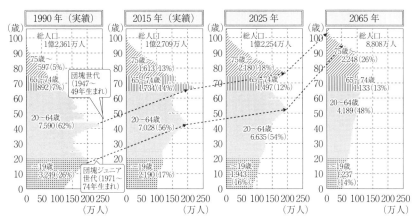

注：1990年及び2015年の総人口は，年齢不詳を含む．
(出所：実績値（1990年及び2015年）は総務省『国勢調査』をもとに厚生労働省作成，推計値（2025年及び2065年）は国立社会保障・人口問題研究所「日本の将来推計人口（平成29年推計）：出生中位・死亡中位推計」（各年10月1日現在人口），厚生労働省『平成30年版 厚生労働白書』日経印刷，2019年，p.228)

図14-1　人口ピラミッドの変化（平成29年中位推計）

ているといえる．そして，これらの生活課題の発見・対応・緩和・解決のためには，前出の「家庭支援の視点」や「子育て支援」，「相談援助」といった社会福祉に関する知見が生かされてくることになる．

2　子どもの権利侵害

わが国では，2000（平成12）年の「児童虐待の防止等に関する法律」の施行以降，児童虐待の通告件数は年々増加傾向を示している．

「福祉行政報告例」（厚生労働省）によると，2017（平成29）年度中に児童相談所が対応した養護相談のうち「児童虐待相談」の対応件数は13万3,778件であり，相談の種別は「心理的虐待」が7万2,197件と最も多く，次いで「身体的虐待」が3万3,223件，「ネグレクト」2万6,821件，「性的虐待」1,537件となっている．これらは，いずれも子どもに対する重大な人権侵害にあたる行為である．

この背景としては，先に触れた「少子化」に加えて，「都市化」「情報化社

会」などの社会環境の変化が，子育て家庭の生活に影響を与えている部分がある．ほかにも，「核家族化による家庭内での養育の担い手の固定化」「近所づきあいの希薄化」「子ども数の低下による子ども同士で遊ぶ機会の減少」「親の孤立」「育児・子育てに関わる情報の氾濫」などのさまざまな状況が子育て家庭に影響を与えているものと推察される．また，子ども側にリスク要因となるような「何らかの育てにくさ」などがあったり，保護者側に「養育を行うにあたっての阻害要因」，あるいは家庭に「養育環境上の要因」が存在する場合もある．それらが，子育て家庭が抱えるストレスとなり，虐待の引き金となってしまうケースは決して少なくない．

子どもや保護者，あるいはその家庭を捉えていくときには，その背景にあるさまざまな要因への理解がなければ，適切な関わりを行うことは望めない．例えば，同じ「身体的虐待」のケースであっても，主な要因が「子どもに障がいがあって子育てに困難を抱いていた」場合もあれば，「生活上・精神上余裕がなく，子どもに叱責する際に暴力行為をしてしまった」場合，「金銭的な課題」や「体罰を容認するなどの暴力への親和性」が存在していた場合など，虐待に至った経緯はさまざまであり画一的に捉えることはできない．

子どもの権利をどのように護り，どのように啓発していくのか．虐待の背景要因となる福祉に関わる諸分野・領域への理解は，保育者に求められる基本的な力になるものであり，「社会福祉」の知識（見方・捉え方）は，その一翼になるものである．

3　子どもの最善の利益を支える保育

「子どもの最善の利益」という言葉は，「児童の権利に関する条約」の一般原則の一つであり，「子どもに関することが行われる時は，『その子どもにとって最もよいこと』を第一に考え」[5]ることである．すなわち，「その子にとって何が大切か，何が必要か」ということを考えて対応していくことが，この原則を尊重した関わりであるといえる．実際には，保育士や保育所などが「子育て支援」や「保護者支援」といった関わりをすることが結果として

子どもの養育環境を改善することにつながり,「相談支援」や「障がい児支援」「延長保育」「病児・病後児保育」などの保育ニーズへの対応を行うことが子育て不安やさまざまなライフサイクルに対応する方策として機能していくことになる.

このような保育の根幹を支えているのは,「専門性」を構成する要素である「養護」「教育」の二本柱と,それを支える「人権・倫理」という価値観の存在[6]であり,これらをもとに保育を実践していくことが専門職としての姿であろう.

第3節　保育における課題

「保育」の課題を述べていく際には,少なくとも,「利用者側の視点」と,受け入れる「保育士や保育施設側の視点」から捉えていく必要がある.

「利用者側の視点」からみた際の最も大きな課題は,「待機児童の問題」である.厚生労働省の調べ[7]では,2018（平成30）年4月の待機児童数は1万9,895人であり,依然として多くの子どもが利用できていない状況がある.このうち88.6%が3歳未満児であり,その待機児童の多くは都市部で発生していることから推察すると,受け皿となる保育所やクラスが少ないことも理由の一つであろう.また,年度途中の育児休業明けなどによる保育所等の待機児童数は同年10月には4万7,198人に増加しており,4月以降はさらに入所が難しい傾向にある.現在,都市部では「家庭的保育事業」などを活用して特に「3歳未満児の保育」に力を入れている自治体もあるが,未だ供給が追い付いていないことは明らかである.

次に,「保育士や保育施設側の視点」から捉えると,慢性的な保育士不足は全国的な課題となっている.実際に,待機児童を解消するために保育施設の設置を検討するも保育士の確保が難しく断念した自治体があるなど,保育士の確保は深刻な課題である.厚生労働省の意識調査[8]では,保育士職への就業を希望しない理由として,働く職場の環境改善に関する要素（「賃金が

希望と合わない」が最も多く，「休暇が少ない・休暇がとりにくい」ことなどが続く）が大きく，保育士確保の足かせとなっている．また，近年では，従来の子どもへの保育に加えて，保護者支援として多様な形でその専門性を求められるようになってきたことが，「責任の重さ・事故への不安」や「保護者との関係がむずかしい」といった保育現場を敬遠する状況を生み出している印象は否めない．

　保育の質と量の拡充が求められる現在，専門的な知識・技術に基づく適切な場面分析・対応ができることは極めて大切なことであるが，一方で，保育を実践していく保育士の職務を支えていく方法論を検討していくことも急務であろう．

注
1) 山縣文治「現代社会における社会福祉の意義」新保育士養成講座編纂委員会編『社会福祉——社会福祉と相談援助』全国社会福祉協議会，2015 年，p.10.
2) 厚生労働省雇用均等・児童家庭局長「指定保育士養成施設の指定及び運営の基準について（別添1)」2018 年．
3) 厚生労働省「平成 30 年（2018）人口動態統計月報年計（概数）の概況」2019 年．
4) 厚生労働省『平成 30 年版 厚生労働白書』日経印刷，2019 年，p.228.
5) ユニセフホームページ「子どもの権利条約」（アクセス日：2019 年 7 月 28 日）.
   https://www.unicef.or.jp/about_unicef/about_rig.html
6) 小崎恭弘「社会福祉の基礎知識」倉石哲也・小崎恭弘編著『社会福祉』ミネルヴァ書房，2017 年，pp.8-9.
7) 厚生労働省「平成 30 年 10 月時点の保育所等の待機児童数の状況について」2019 年．
8) 厚生労働省「保育分野における人材不足の原因・理由①②」（アクセス日：2019 年 7 月 28 日）.
   https://www.mhlw.go.jp/file/06-Seisakujouhou-11600000-Shokugyouanteikyoku/0000057759.pdf

参考文献
厚生労働省『平成 30 年版 厚生労働白書』日経印刷，2019 年
全国保育士養成協議会監修／西郷泰之・宮島清編『ひと目でわかる 保育者のための児童家庭福祉データブック 2019』中央法規出版，2018 年
柏女霊峰『これからの子ども・子育て支援を考える——共生社会の創出をめざし

て』ミネルヴァ書房，2017 年
川﨑二三彦『虐待死——なぜ起きるのか，どう防ぐか』岩波書店，2019 年
川﨑二三彦『児童虐待——現場からの提言』岩波書店，2006 年

第15章　社会福祉の今後の課題

第1節　地域社会の変化と福祉課題の拡大

　わが国の戦後から現在にかけての変化を生活環境からみてみると，農業，林業，漁業など一次産業を中心とした伝統的な社会では，生活の基盤も生活時間・周期も一定の地域社会の範囲内で成立しており，世代が変わっても同じ土地に住み，支え合いも含めた地域内の人間関係が形成されていた．そのような地域社会を基盤とした生活は，現在に至る過程で交通手段や通信手段が多様化したほか，冠婚葬祭や地域行事のように，従来は地縁血縁で補い合っていたものをサービスが担うようになるなどしたため，地域住民間のみならず家庭内の紐帯も弱まっていったのである．このことは，高度経済成長を経て生活が豊かになっていくと同時に，過疎化過密化の進行，拡大家族から核家族への移行が進んだことも影響しているといえよう．

　ここでは，この戦後から現在にいたる過程での変化の一つである地域社会における人間関係の希薄化に注目して，社会福祉の今後の課題について考えていくこととする．

　生活環境が変化していく中で，社会福祉は何を目的として，だれが担うものと考えられていたのかについて，社会福祉関係法の基盤でもある「社会福祉法」を通してみてみると，1951（昭和26）年制定の「社会福祉事業法」が1990（平成2）年に改正された際に，第1条では福祉六法と「その他の社会福祉を目的とする法律と相まって，社会福祉事業が公明且つ適正に行われることを確保し，もつて社会福祉の増進に資すること」を目的とし，第3条の2の地域等への配慮では，「国，地方公共団体，社会福祉法人その他社会福

祉事業を経営する者は，（中略）地域に即した創意と工夫を行い，及び地域住民等の理解と協力を得るよう努めなければならない」とされた．

　続いて同法が2000（平成12）に改題・改正された現在の「社会福祉法」をみると，第1条では「福祉サービスの利用者の利益の保護及び地域における社会福祉（以下「地域福祉」という．）の推進を図るとともに，社会福祉事業の公明かつ適正な実施の確保及び社会福祉を目的とする事業の健全な発達を図り，もつて社会福祉の増進に資すること」を目的とし，第4条の地域福祉の推進では「地域住民，社会福祉を目的とする事業を経営する者及び社会福祉に関する活動を行う者（以下「地域住民等」という．）は，相互に協力し，福祉サービスを必要とする地域住民が地域社会を構成する一員として日常生活を営み，社会，経済，文化その他あらゆる分野の活動に参加する機会が確保されるように，地域福祉の推進に努めなければならない」としている．

　これらの変化の中で特徴的なのは，わが国の社会福祉の目的が地域福祉の推進とされたこと，また社会福祉事業者に限らず，地域住民やボランティアも含めて達成のための役割を担うようになったことである．社会福祉の対象は戦後の低所得者を対象としたものから，生活問題を抱えるすべての地域社会に暮らす人々へと拡大してきたことと同時に，社会福祉の担い手も社会福祉法人や民間の福祉事業者に加えて，ボランティアや地域住民まで拡大されたと考えることができる．その地域住民には障がいの有無や年齢，性別，サービス受給者・提供者に関係なくすべての人が含まれており，有する能力に応じて自身の居住する地域で貢献活動に関わることが期待されているのである．

第2節　社会福祉による形成が求められる地域共生社会について

　地域住民も担い手として地域福祉の推進を目指す現状において，厚生労働省は2016（平成28）年6月2日に閣議決定された「ニッポン一億総活躍プラン」や，2017（平成29）年2月7日に厚生労働省「我が事・丸ごと」地域

共生社会実現本部において決定された「『地域共生社会』の実現に向けて（当面の改革工程）」に基づいて，地域共生社会の具現化に向けた改革を進めている．この改革が求められる背景として，厚生労働省はまず，個人や世帯の抱える複合的課題などへの包括的な支援の必要性などを理由として，公的支援の縦割りから丸ごとへの転換が必要であることを挙げている．次に，住民の主体的な支え合いを育み，暮らしに安心感と生きがいを生み出すことや，地域資源を活かして，暮らしと地域社会に豊かさを生み出す必要性があることなどから，「我が事・丸ごと」の地域づくりを育む仕組みへの転換の必要性について触れている．

　さらに改革の骨格として，住民の支え合い機能の強化と公的支援との共同による「地域課題の解決力の強化」，高齢者に限らない地域包括ケアの理念の普遍化による「地域を基盤とする包括的支援の強化」，多様な担い手の育成・参画による「地域丸ごとのつながりの強化」，対人支援を行う専門資格に共通の基礎課程を創設するなど「専門人材の機能強化・最大活用」の4点が挙げられている[1]．

　これは現在では公的（フォーマル）な制度や民間の福祉事業では手の届かない，財源を含む経済的問題が背景として考えられるほか，人手などの環境的な理由で解決できない生活問題が生じたことで，地域社会での居宅生活をあきらめざるを得ない状況があるため，地域住民など非公的（インフォーマル）な力を借りることで，地域内や家庭内の生活問題の改善・解決を図り，地域生活の継続性や充実を確保しようとするものである．例えば足腰の弱った高齢者にとっては普段のごみ捨てや買い物，外れた網戸の修復，電球交換などは個人で解決できない課題であるが，専門性を必要とするものではない．そのような身の回りの生活問題を地域住民が関わることで改善・解決をするなど，制度の縦割り中心から民間の福祉事業者も含む横のつながりを重視しようというのである．

　これらの具現化によって実現しようとしている地域共生社会は，諸外国にない速さで高齢化が進むわが国において，厚生労働省が2025（令和7）年を

目途に，高齢者が可能な限り住み慣れた地域で，自分らしい暮らしを人生の最期まで続けることができるよう，地域の包括的な支援・サービス提供体制（地域包括ケアシステム）の構築を推進していることともつながりが深いことがわかる．

　改革の骨格にも地域包括ケアの理念の普遍化について触れられているように，地域住民も参加しながら地域共生社会を形成し，それを具現化することが現在のわが国における目標になっているといえよう．

第3節　地域共生社会の具現化と福祉教育との関係

　これまでのことからわが国では地域福祉の推進を目的として，地域包括ケアシステムの構築などを通して，地域共生社会の具現化を目指していることがわかった．関連した動向として，2018（平成30）年に改正された「社会福祉法」では，地域住民の地域福祉活動への参加を促進するための環境整備や，住民に身近な圏域において，分野を越えて地域生活課題について総合的に相談に応じ，関係機関と連絡調整を行う体制の整備などを通じた，包括的な支援体制づくりが市町村の努力義務とされたことが挙げられよう．

　このような地域を基盤として地域住民も地域福祉を担う一員とした環境を整備することの必要性は理解できるが，その要でもある地域住民の参加はどれほど可能なのかという疑問が生じる．地域社会の現状をみてみると，『国民生活白書（平成19年度版）』では，「近所間の親しいつき合いや行き来の有無」に対して，地域住民間のつき合いや行き来が減少しているなど，近隣関係の希薄化が進んでいることが指摘されている．あわせて隣近所と行き来の多い人は，生活面で助け合う人も多いという報告もなされている[2]．「国民生活選好度調査（平成18年度版）」では，「10年前と現在との地域のつながりの変化」について，弱体化しているとする結果は30.9%となっている．弱くなったと思う理由としては，人々の地域に対する親近感の希薄化が66.3%，近所の人々の親交を深める機会不足が49.8%，他人の関与を歓迎しない人の

増加については 38.3％ となっている [3]．

2018（平成30）年の厚生労働省による「自立支援に関する意識調査」では，対象者を障がいや病気を有する者（障がい・有病者，いわゆる当事者），身近に障がいや病気を有する者がいる者（身近にいる者），その他の者（当事者自身でもその家族等関係者でもない者）の3類型に分類をして地域での支えあいに関する意識調査を行っている．「地域や職場で障害や病気で困っている者がいたら助けたいか」という質問に対しては，どの類型も半数以上が助けたいなど肯定的な回答を選択しており，地域社会において支えあいの意識が一定の割合で存在していることがわかる．しかし，「過去1年以内に居住地や職場において，家族以外で障害や病気で困っている人を助けた経験がありますか」という質問に対しては，どの類型も6割以上がいいえを選択しており，その他の者に関しては 89.1％ の者がいいえを選択している．さらにいいえを選択した，助けたいと思いながら，過去に地域や職場で障がいや病気で困っている者を助けた経験がない者が「居住地や職場において，家族以外で障害や病気を抱えていて困っている人を助けた経験がない理由」については，どの類型においても障がいや病気を抱えて困っている人に出会う機会がないことを理由とする回答が最も多くなっていた [4]．

地域生活の中で困難を抱えている人を支えたいという意思をもっていても，日常生活の中でその意思を実現する場面に直面する機会がないという背景には，地域社会内における人間関係の希薄化も影響していると考えられよう．

実際に人間関係の希薄化や過疎化の進行により，町内会や自治会の機能が低下している自治体もみられることから，地域福祉への期待の高まりや重要性が増す一方で，地域住民の参加が困難な状況にあることがわかる．

ほか，同調査において「困っている者をあまり助けたいと思わない，助けたいと思わないと考える理由」を問う質問では，どの類型も自分にとって負担になるような気がするからという回答が最多となっており，当事者以外の回答では，どのように接したらよいかわからないからなどが上位に入っている．前の支援をする機会や情報をどこで得られるのかということとあわせて，

地域貢献活動は自身に負担が過重にならない範囲で行えばよいことや，情報を得る場所，要支援者との接し方の知識などを得る環境や場所が必要になっていると考えられる．

　地域における人間関係の希薄化が進む過程において，地域共生社会を具現化するための社会資源としての地域住民が必要とされている．しかし，そのような住民参加に関する意識が地域社会の中で一部みられるが，社会資源としてその力を発揮するためには，意図的な取り組みによる環境づくりが必要となるだろう．その取り組みの一つとして考えられるのが福祉教育である．福祉教育とは，福祉の理念や取り組みなど社会福祉学についてのみ学ぶものではなく，各世代の人がより良い生活のあり方やそのための社会とのつながりについて学んだり，現在では生涯学習も福祉教育に内包されるものとして理解されている．

第4節　生きがいのもてる地域共生社会を実現するための今後の課題について

　地域共生社会を具現化するためには，さまざまな世代ができる形での地域貢献活動の取り組みを行うことが期待される．しかし，15歳未満の年少人口層や15歳以上65歳未満の生産年齢人口層は，日々の学業や就労，子育てに生活時間の大半を費やすため，通勤・通学時に虚弱な高齢者のごみ捨てを担うなど部分的な支援はできても，中心的な活動は難しいと考えられる．

　このような背景から，地域福祉の中心的な担い手として高齢者に期待される部分が多いといえよう．ただし，担い手として一方的に高齢者に期待を寄せても，それぞれの考えや生活があるため，安易に実現できるものではない．そこで先に触れたように厚生労働省が暮らしに安心感と生きがいを生み出すことを地域共生社会の目的の一つとして位置づけていることから，「生きがい」をキーワードとして考えてみたい．人は子どものころは家庭において親に対する子どもや，学校における生徒という役割をもつ．大人になると会社

における社員や夫婦間における配偶者，自身の子どもに対しての親，子どもの通う学校におけるPTAの役員，自治会における会員などさまざまな役割をもち，そこを自分の居場所として生活を営んでいる．しかし年を重ねるとともに，特に子どもの自立や会社からの退職などによってその役割は減少していく．これらは社会そのものとのつながりの減少ともいえよう．

「高年齢者雇用安定法」により定年の引き上げや継続雇用などが取り組まれるようになってはいるが，生涯現役で働き続けられる環境は限られている．家庭内においても孫の世話など家庭内で新たな役割を付加されることもあるが，核家族化の進行の影響もあるため，家庭内に役割を感じられる高齢者は限定的であろう．人は歳を重ねる過程で自分自身の心身面や所属先，役割，人間関係などさまざまな環境の変化を感じる中で，人は40歳から50歳頃から生きがいを考えるようになるという．

内閣府が2014（平成26）年に高齢者を対象に行った「高齢者の日常生活に関する意識調査」では，「あなたが生きがいを感じるのはどのような時ですか」という問いで最も回答が多かったのは「孫など家族との団らんの時」の48.8％であり，次いで「趣味やスポーツに熱中しているとき」が47.3％，「友人や知人と食事，雑談している時」が42.3％となっている．しかし，この調査の中で地域貢献活動に関係する「社会奉仕や地域活動をしている時」という地域貢献活動を生きがいとして選択しているのは15.5％である[5]．

つまり，多くの高齢者は家族や友人との関わりや趣味等の楽しみを老後の生きがいとして感じているが，地域貢献活動にそれを感じるケースは少ないのである．しかし趣味などは楽しみの要素が強く，責任感や社会的立場など加齢とともに減少した役割を補完・代替するものではない．

このような背景から，余力のある高齢者が地域貢献活動を担うことに二つのメリットが見いだせる．一つは，自分自身が年を重ねて地域生活が困難になった際の地域共生の基盤を自ら作ることができるということ，二つめは地域社会において地域貢献活動の担い手という社会における役割を持てることである．もちろん地域共生社会の具現化には，さまざまな世代の地域住民の

参加は欠かすことができない．また，従来の村社会や地域活動のように，使命感ややらざるを得ないという理由からの奉仕活動ではなく，生きがいにつながる役割や居場所に位置付けられる地域貢献活動となることが求められる．そのため，各世代にあった地域貢献活動のあり方や福祉教育の開発・充実が社会福祉の今後の課題になるといえよう．

注
1) 厚生労働省監修『厚生労働白書（平成29年版）』日経印刷，2018年，pp.273-275.
2) 内閣府監修『国民生活白書（平成19年度版）』時事画報社，2008年，pp.62-65.
3) 内閣府国民生活局『平成18年度国民生活選好度調査』2007年，pp.10-12.
4) 厚生労働省監修『厚生労働白書（平成30年版）』日経印刷，2019年，pp.147-152.
5) 内閣府政策統括官『高齢者の日常生活に関する意識調査』2016年，pp.12-16.

参考文献
阿部志郎・宮田和明・右田紀久恵・松井二郎編『戦後社会福祉の総括と二一世紀への展望Ⅱ　思想と理論』ドメス出版，2002年
井村圭壯・今井慶宗編『（福祉の基本体系シリーズ1）社会福祉の基本体系（第5版）』勁草書房，2017年
宮城孝編集代表『地域福祉のイノベーション——コミュニティの持続可能性の危機に挑む』中央法規出版，2017年
厚生労働省監修『厚生労働白書（平成29年版）』日経印刷，2018年
厚生労働省監修『厚生労働白書（平成30年版）』日経印刷，2019年

事 項 ・ 人 名 索 引

あ 行

アセスメント……………………59
石井十次……………………18
石井亮一……………………18
意図的な感情表出……………………62
医療ソーシャルワーカー……………127
インターベンション……………………60
インテーク……………………58
エバリューション……………………60
エリザベス救貧法……………………13
エンパワメント……………………55
大阪府方面委員制度……………………19
岡村重夫……………………108
岡山県済世顧問制度……………………19
岡山孤児院……………………18

か 行

介護福祉士……………………32
介護保険施設……………………30
介護保険制度……………………40,77,126
カウンセリング……………………65
感化法……………………18
基準および程度の原則……………………96
救護法……………………20
教育的機能……………………57
協働的機能……………………57
共同募金……………………115
ギルド……………………13
ギルバート法……………………14

ケ

ケアマネジメント……………………64
ケースの発見……………………58
健康保険法……………………38
後期高齢者医療制度……………………39
厚生年金保険……………………38
厚生労働省設置法……………………33
公的医療保険……………………38,125
公的年金……………………38
高齢者保健福祉推進10カ年戦略………76
ゴールドプラン……………………76
国民皆保険・皆年金……………………21,124
国民健康保険……………………38
国民年金……………………38
孤女学院……………………18
国家責任による最低生活保障の原理……95
子どもの貧困……………………71
個別援助技術……………………61
個別化……………………61
雇用保険……………………40
コンサルテーション……………………65

さ 行

最低生活保障の原理……………………95
支援費制度……………………91
自己決定……………………62
慈善組織協会（COS）……………………14
実体概念……………………143
GDP（国内総生産）……………………2
児童委員……………………114
児童相談所……………………36

児童手当	41	生活保護法	26
児童福祉法	26	生産年齢人口	3
社会活動法	64	精神保健福祉士	33
社会事業主管課	19	精神保健福祉センター	37
社会事業法	20	性的虐待	70
社会手当	41	聖ヒルダ養老院	18
社会的排除	7	世帯構造	5
社会的包摂	8,109	世帯単位の原則	97
社会福祉運営管理	64	セツルメント運動	14
社会福祉基礎構造改革	22	船員保険法	39
社会福祉協議会	31,111	ソーシャルインクルージョン	51
社会福祉計画法	64	ソーシャルワーカー	53
社会福祉士	32	ソーシャルワーク	53
社会福祉士及び介護福祉士法	32	側面的援助機能	56
社会福祉調査法	64		
社会福祉法	25	**た　行**	
社会保障制度審議会	37		
集団援助技術	62	ターミネーション	60
恤救規則	17	第一種社会福祉事業	29
受容	61	第二種社会福祉事業	29
受理面接	58	代弁的機能	56
障害児福祉手当	41	地域援助技術	64
障害者基本法	27	地域完結型医療	138
障害者の日常生活及び社会生活を総合的に		地域共生社会	120,152
支援するための法律	28	地域支援事業	80
申請保護の原則	96	地域包括ケアシステム	116
身体障がい	87	地域保健法	29
身体障害者更生相談所	35	知的障害者更生相談所	35
身体障害者福祉法	27	知的障害者福祉法	27
身体的虐待	70	仲介的機能	56
心理的虐待	70	調停的機能	56
スーパービジョン	65	直接援助技術	61
スピーナムランド法	14	トインビーホール	14
生活困窮	5	統制された情緒的関与	62
生活困窮者自立支援法	29	特定非営利活動促進法	45
		特別児童扶養手当	41

事項・人名索引　　　　　　161

特別障害者手当……………………41

な　行

ナショナルミニマム…………………75
難病…………………………………90
日本国憲法………………………2,25
認知症サポーター…………………118
ネグレクト…………………………70
ネットワーク………………………65
年少人口……………………………3
ノーマライゼーション ………………93

は　行

パーティシペーション ………………109
バイスティックの7原則 ……………61
発達障がい…………………………90
発達障害者支援法…………………90
非審判的態度………………………62
必要即応の原則……………………97
秘密保持……………………………62
福祉元年……………………………21
福祉三法……………………………21
福祉事務所…………………………34
福祉六法体制………………………21
福祉六法……………………………26

婦人相談所…………………………36
プランニング………………………60
ベヴァリッジ報告……………………16
保育士………………………………32
包括的支援事業……………………80
保護の原則…………………………96
母子及び父子並びに寡婦福祉法 ………27
補足性の原理………………………95

ま　行

民生委員法…………………………28
民生委員……………………………114
無差別平等の原理…………………95
モニタリング………………………60

や　行

山室軍平……………………………18

ら　行

老人福祉施設………………………30
老人福祉法…………………………27
労働者災害補償保険………………40
労働保険……………………………40
老年人口……………………………3

執筆者一覧

担当	氏名	所属
第1章	上村裕樹（うえむら ひろき）	聖和学園短期大学
第2章第1節	古野誠壮（ふるの せいそう）	東筑紫短期大学
第2章第2節1	井村圭（いむら けい）	元岡山県立大学
第2章第2節2	伊藤秀樹（いとう ひでき）	兵庫大学
第3章第1節〜第3節	今井宗也（いまい むねや）	関西女子短期大学
第3章第4節・第5節	名定慎（なさだ まこと）	中国短期大学
第4章	坪井真（つぼい まこと）	作新学院大学女子短期大学部
第5章	棟方梢（むなかた こずえ）	青森明の星短期大学
第6章	木村匡登（きむら まさと）	宮崎学園短期大学
第7章	若宮邦彦（わかみや くにひこ）	南九州大学
第8章	田中公一（たなか こういち）	仙台青葉学院短期大学
第9章	坂本真一（さかもと しんいち）	桜の聖母短期大学
第10章	谷川和昭（たにかわ かずあき）	関西福祉大学
第11章	吉田祐一郎（よしだ ゆういちろう）	四天王寺大学
第12章	中典子（なか のりこ）	中国学園大学
第13章	田中久美子（たなか くみこ）	愛媛大学
第14章	隣谷正範（となりや まさのり）	飯田女子短期大学
第15章	釜野鉄平（かまの てっぺい）	聖カタリナ大学

編著者紹介

井村圭壯（いむら・けいそう）
1955 年生まれ
現　在　岡山県立大学名誉教授．博士（社会福祉学）
主　著　『戦前期石井記念愛染園に関する研究』（西日本法規出版，2004 年）
　　　　『日本の養老院史』（学文社，2005 年）
　　　　『日本の社会事業施設史』（学文社，2015 年）
　　　　『社会事業施設団体の形成史』（学文社，2015 年）

今井慶宗（いまい・よしむね）
1971 年生まれ
現　在　関西女子短期大学准教授．社会福祉士
主　著　『子どもと社会的養護の基本』（共編著，学文社，2017 年）
　　　　『社会福祉の基本体系』（第 5 版）（共編著，勁草書房，2017 年）
　　　　『保育実践と児童家庭福祉論』（共編著，勁草書房，2017 年）
　　　　『社会福祉の形成と展開』（共編著，勁草書房，2019 年）

福祉の基本体系シリーズ⑪
社会福祉の拡大と形成

2019 年 12 月 20 日　第 1 版第 1 刷発行
2022 年 3 月 20 日　第 1 版第 2 刷発行

編著者　井村圭壯
　　　　今井慶宗

発行者　井村寿人

発行所　株式会社　勁草書房

112-0005　東京都文京区水道 2-1-1　振替 00150-2-175253
電話（編集）03-3815-5277／ＦＡＸ 03-3814-6968
電話（営業）03-3814-6861／ＦＡＸ 03-3814-6854
港北出版印刷・中永製本

Ⓒ IMURA Keisou, IMAI Yoshimune 2019

ISBN978-4-326-70113-1　　Printed in Japan

〈出版者著作権管理機構　委託出版物〉
本書の無断複製は著作権法上での例外を除き禁じられています。
複製される場合は、そのつど事前に、出版者著作権管理機構
（電話 03-5244-5088、FAX 03-5244-5089、e-mail: info@jcopy.or.jp）
の許諾を得てください。

＊落丁本・乱丁本はお取替いたします。
　ご感想・お問い合わせは小社ホームページから
　お願いいたします。

https://www.keisoshobo.co.jp

井村圭壯・今井慶宗編著（福祉の基本体系シリーズ①）

社 会 福 祉 の 基 本 体 系 第5版　　2,200円
70097-4

井村圭壯・相澤譲治編著（福祉の基本体系シリーズ④）

総 合 福 祉 の 基 本 体 系 第2版　　2,640円
70076-9

井村圭壯・藤原正範編著（福祉の基本体系シリーズ⑥）

日 本 社 会 福 祉 史　　2,640円
60197-4

井村圭壯・谷川和昭編著（福祉の基本体系シリーズ⑦）

社 会 福 祉 援 助 の 基 本 体 系　　2,640円
60199-8

井村圭壯・相澤譲治編著（福祉の基本体系シリーズ⑨）

児 童 家 庭 福 祉 の 理 論 と 制 度　　2,640円
70071-4

井村圭壯・今井慶宗編著（福祉の基本体系シリーズ⑩）

社 会 福 祉 の 形 成 と 展 開　　2,200円
70109-4

—————————————————————————勁草書房刊

＊表示価格は2022年3月現在. 消費税（10%）が含まれております.